どこからお話ししましょうか

柳家小三治自伝

柳家小三治

どこからお話ししましょうか

柳家小三治自伝

岩波書店

前口上

いやあー、なかなか自分の時間が来ないねえ。自分を取り戻す時間っていうか。目まぐるしい毎日だと私には思える。晩年になって、……どうも人の話を聞くと、私は晩年を迎えてるらしいんですよ。これからだと思ってるんだけどねえ。たしかに肉体的、機能的なものはままならない。思うようにいかないけど、そのうち上向くだろうと思ってる。

そしたら、今度はなにを探したらいいのか。逆に言えば、なにをあきらめたらいいのか、探してるんでしょう。でも、きっと、もう探さなくてもいいんだね。放っておけばいい。放っておけば、元来、自分が持っている素質やからだが求めてるもののほうに、自然といくんじゃないかなと、このごろは思ってるんです。

これ、自伝なんですか？　どんな話になりますかねえ。

目次

装丁　桂川　潤
カバー写真　橘　蓮二

一、父と母のこと

中学生のころ．父・繁蔵，母・コトジ，３人の姉と妹と＝新宿・柏木の自宅前で

お父さんねえ。ずっと、お父ちゃん、お父ちゃんって言って育ってきたのが、あるときから、お父さんという呼び方になって、そのまま死ぬまでお父さんでしたね。

父親は、宮城県の名取っていうところの出身です。石川啄木みたいなもんで、田舎の代用教員から一人前の先生になりたいって、やっとのことで東京へ出てきて小学校の先生になった。よほど頑張ったんだろうと思います。学歴もほとんどなかったですから、学校の先生をやりながら豊島師範学校に通って、のちには小学校の校長先生になった。学制八十周年のとき(一九五二年)、天皇陛下からお呼ばれされて、漆塗りの盃をいただいてきました。私の家の八畳間に家族がそろって、桐の箱から取り出されたその盃を真ん中にして写真を撮ったのが、親父にとってはいちばん大きな誉れだったんでしょう。

私にはあんまりピンとこなかった。そういうものに憧れもしませんでした。やっぱり親の教育のせいでしょうか。クラスでも学校でも一番、悪くても二番、とにかくほめられるようになれ、と言われてました。学校の展覧会があれば、親父は、自分が教えた習字を私が立派に書き上げて、一等賞になるとか、二等賞になるとか、それをこの世の喜びっていう顔して見てました。

そのころから、さめた心が私のどこかにあったんでしょう。中学のとき、英語の試験で九十五点の答案をもらったことがあります。それまでは九十五点なんか、もらったことないですよ。七十点、八十点はよくもらってましたけど。たまには驚かしてやろうと思って、「こういうの、もらったぞ」って親の前へ出したら、両親がそろって「ちょっと前へすわんなさい」ってすわらされて、一時間半説教されて、「なぜお前は百点取れないんだ」。ええーっ、めったに取れない九十五点を取ったら、おお、よくやったねと喜んだっていいじゃねえかと思ったのに、百点以外はなんの値打ちもないって言う。こういうやつが学校の先生やってんのか、たまったもんじゃねえなという思いもありました。勉強は嫌いでした。自分が好きな科目は好きなんですけど。でも、なんでも百点取ればいいっていうのがねえ。それから数年して大学受験っていうことになったら、東大以外は大学じゃねえなんて言い出した。いいところに就職するための学校とか、そういうものにはとてもファイトが湧かなかった。

文化祭や発表会で演劇をやったことは、小学校で二回ぐらい、中学でも一回あります。高校一年の文化祭では、クラスの者に演劇で参加しようって呼びかけてみんなをおだてて、クラス中が沸き返ったこともありました。

それは『湖の娘』(八木隆一郎作)という作品です。台本をみんなに見せて、おう、これだよって言って。一幕ものなんです。舞台装置なんかもみんな自分たちでやるから、とにかく一幕ものじゃなきゃダメ。それに、出演者がいっぱいいる。だから、クラスの者に頼むとき、演劇なんか知らないやつらにも、「おれが言うとおりやってくれよ。三行せりふをおぼえるだけでいいから」って私がホン読みして、「こんなふうにやるんだよ」って言って。私は演出と、宿屋の親父の役でした。この親父が主役だと思ってるんですけど、ほかにちゃんとヒーローになる男と、「湖の娘」って言われてる女の子の二人のロマンスなんかもちょっとあって、とっても高校生向きだね、みたいな感じでやりましたよ。

で、もうじき発表会っていうときに、飯炊きだか薪割りだかの役をやってるやつが、おれには無理だって言って降りたんで、台本を書き換えて私の責任として自分でやることになってとか、いろいろ勉強させてもらいました。学校で百点取ることには全然ファイト湧かないんだけど、そういうときはファイトが湧くんです。それで「打倒、演劇部」なんて言って、やりました。

当日は、お客さんも結構しんみりと聴き入っていた。炉端で話をするところなんか、よくおぼえています。まだ戦争というものがそんなに遠くなかった。復員してきた人が出てきたりして、まさしく私の生活の記憶の中のある一場面です。そのころはまだ十五、六年しか生きてないわけですけど、その記憶の中でのいちばんピッタリする場面ではありました。

私は五人きょうだいの男一人で、下から二番目です。上に姉が三人、下に妹が一人います。戦争中、私は家族の中で一人だけ、仙台の近くの岩沼っていうところに疎開してました。母の姉、つまり、おばさんの家でした。戦時中のことなのではっきり覚えている人がいないんですけど、短くて半年、長くて二年はいなかったと思う。

仙台空襲(一九四五年七月十日)は目の当たりにしてますね。空襲にあっている仙台を見て「きれいだなあ」と言って、頭をひっぱたかれました。そのあと、仙台のほうが危ねえぞっていうんで、東京に戻ってきた。東京は焼け野原でした。私の家族も、新宿のあたりを逃げ回っていました。焼け跡に焼けトタンがあって、それをめくると焼けて縮こまった人がいたのを見ています。私も戦争を知っている一人、と言っていいでしょう。

八月十五日の玉音放送は、なんとなく聞いたおぼえがあります。ラジオなんてどこの家にあったんでしょう。小学校に上がる前ですから、記憶もそんなに定かではないんですけど。

私の家は、新宿の柏木(今の新宿区北新宿)に焼け残ってたんですが、焼け跡から拾ってきたトタンで、なんとか雨風をしのげるようにしていました。家族七人が雑魚寝《ざこね》で、ほんとに人の脚を枕にして寝るような狭いところでした。どうやって食ってたんでしょうか。大変は大変だったんでしょう。そのころ親父はもう校長になってたみたいですけど、おまわりさんと学校の先生は安月給って言われてました。なかなか白い飯は食えなかった。ご飯に卵かけて食うのは大好きでしたけど、年のうちに二日食えるか、三日食えるかどうか。

柏木は、まあ、お屋敷町です。空襲の焼夷弾で焼けちゃうからって、知り合いを頼ってみんな疎開していきました。残ってたのは、私の家と左隣の家だけです。そのうちに、疎開であいてる家に人が住んじゃうっていう事件が起きた。うちは本名、「郡山《こおりやま》」っていうんですけど、「郡山さん、あそこを畑に使ってくれないか」と頼まれて、あっちもこっちもと、ずいぶん畑が広くなりました。私も時々は手伝いに借り出されましたけど、親父とおふくろが主に畑仕事をやってましたね。新宿の駅からあんな間近なところなのに、私も麦踏みをしました。ジャガイモの植え方も知ってます。トマトとかキュウリとかナスとか、みんなつくってましたね。

芭蕉が、近くのお屋敷のお庭にありました。それが嵐になるとユサユサ揺れて、もしかしたらバナナがなるかもしれないって、とても楽しみにしてましたけども、ならなかったなあ。イチジクの木もありましたけど、実がなっても食えるようなものではなかった。庭の隅で茗荷や生姜をつくったり、竹の垣根をバラ垣にしたりしてました。ボケの花が咲いて大きな実がなるってこともおぼえたし、トウモロコシやピーナツをつくっていたこともある。とにかく食えるならなんでもやろうって、朝早くから星が出るまで一生懸命働いてました。

そう考えてみると、あの親には世話になったんだな。なんにもしねえな、こいつらと思ってたんだけど。私は五人きょうだいの中の男一人ですから、期待して期待して、やっとできた男の子だったんでしょう。百点、百点って言って、末は陸軍大臣だ、総理大臣だって、思い描いてたんじゃないですか。とても迷惑しました。「こんな程度でいいんだよ」って言われてりゃあ、「いやあ、そんな程度じゃ、おれが物足りないよ」ってなったかもしれない。親の言うことを聞いてなんとかそれに近づこうなんて、全然思わなかった。反発に次ぐ反発。それで、ご覧ください。こんなになってしまいました。

『仰げば尊し』っていう歌がありますね。私が生まれたのは昭和十四年(一九三九年)で、大東亜戦争、のちに太平洋戦争って言うようになったのかもしれないけど、そういう中で育ったわけです。皇居前の楠正成の像なんかを見て、それが理想の出世の姿だと思ってたんでしょう。でも、自分の中にそんな思いはなくなってしまった。『仰げば尊し』の歌詞の「身を立て　名をあげ」っていうところは、自分の親父を思い出さないわけにはいかない。結局、あの人はそう望んでたんだろうし、知らないうちに、そういうものを良しとする生き方に私もなってたんでしょう。だけど、いつの間にか反発を感じるようになりました。

私は筆でなにかを書くの、嫌いじゃないんです。親父がいつもそばで筆を使っていましたし、教職を退いてからは書道塾の先生をしてました。その影響で私も小学校のときから、墨はこうすれ、筆はこう持て、いいと思う字の上を何べんもなぞれ、そっくりになるまで真似ることから始まるんだってなことを、親父から言われてました。

今、親父の字を私は一枚も持ってないんですよね。あんなにくさるほど家の中にあったのに。教える字であって心いやされる字ではないって中学のころに感じて、親父に言ったことがあります。「お父さんの字はゆとりがない」とかね。「ビルの骨格ばっかり見せられて、そこから先がないじゃないか」って。親父はあったかい人だったんで、心だけで書いていればもっと丸みや人柄のあたたかさが出てくるし、テクニックはどこかで生きてくるだろうって思ってました。いつもテクニックを気にして書いてる字だから、値打ちがねえなって思ったんでしょう。

中学へ入って、親父から離れよう、離れようとした。じゃあ、字を書くことをやめたかっていうとやめないで、ペン字かなんかの通信教育の広告に「あ、この字いいな」って思うと、そこへ申し込んで書いたりしてました。高校でもやってました。いつの間にか、字が好きになってたんですね。心が反映した豊かな字になりたいっていうのは、親父から離れようと思ううちに憧れた気持ちなんでしょう。

落語の世界に入ると、修業は寄席に出て、前座っていう仕事から始まります。前座も少し古くなってくると、楽屋帳(ネタ帳)を書く。そのときに、やっぱり自分は親父の字から逃れられねえのかっていう思いがぬぐえなかった。なんとかしなきゃって、まだもがいてたんです。結局、美しい字は書けませんでした。でも、いつごろからか字がうまくなりたいっていう志は、消滅していきます。字のかげにその人の心を感じられると、より一層いいと思う。字の姿より書いた人の心が表へあらわれること。いつの間にか、高座の噺、自分の芸もそういうものを目指していったんでしょうか。

親父は厳しかったけれど、ひょうきんな部分もありました。酒飲むと、歌って踊って。誰も頼んでねえのに。得意なのは「木曽のナァー、中乗りさん」(『木曽節』)でした。親父は代用教員からやってますから、音楽の時間も自分で教えてた。だから、ピアノも弾くっていえば、弾いてました。ベートーベンとか、そういうのは弾かない。「春のうららの隅田川」とかを自分で弾き語りっていうか、弾き歌いでやってました。バイオリンも弾きました。「もしもし亀よ」をキッコキッコキッココって。滅多にやりませんでしたけど、あれも酔っ払ってやってたのかなあ。それまでの教員生活の中でやらざるを得ないときがあって、やったんじゃないでしょうか。

戦後すぐ、新宿西口のマーケットへ一緒に行ったこともあります。思い出すのは、クジラのベーコンですね。紅を塗って目立たせようっていうのか、三角の形にブツブツ切って、表面を赤く塗ってある。それを、今でいうとポップコーンみたいに丸めた新聞紙の中へほうり込んで、上を閉じて「はい、毎度あり」って渡される。家まで十五分か二十分か歩いているあいだに親父の外套のポケットに手を入れて、そこから、つかんじゃあ食い、つかんじゃあ食いって、これは楽しかったですねえ。「母さんには内緒だぞ」って。

母さんは、宮城県の亘理《わたり》っていう伊達藩の南の隠れ城みたいなところの生まれです。大きなお屋敷でした。よく見ると、堀が二重になっていた。百姓家ですけど、敵が攻めてきたときに、いっぺんにはたどり着かないように出来てる家に生まれました。半農半武、郷士みたいなね。いざとなると、刀や槍が出てきたり、そういう武器を隠し持っていたのかもしれない。

もっとくだけたのが生まれてもよかったんですけど、ちょっと母親が問題でしたねえ。こんな私に誰がしたっていう、犯人はあの母親でしょう。やさしい言葉なんか、かけられたことないですから。「侍の子というものは、腹が減ってもひもじゅうない」と、よく言ってました。それを聞いて「お前、侍じゃねえじゃねえか」って思ったんですけど、黙って聞いてました。気位は侍だったんでしょう。小作人やそういう人たちに向かって、威張ってましたね。

「好き嫌いはいけません」って言ってたけど、納豆だけは食えなかった。それが母親の最大の弱点で、こっちの切り込む最後の切り札です。そこを突かれると、すげえ怒っちゃってね。まあ、それがひとつの人間らしいところだったかな。

高校のとき、赤坂の外堀の「弁慶橋の池」へ母親を連れてって、ボートに乗せたことがありました。おれはボートが漕げるんだってところを見せようと思って。母親は着物を着てやって来た。途中、桟橋みたいなところで「降りる」って言う。舟はもやっておかないと、どこへ行くかわからない、なんてことを私は知りませんから、桟橋のそばまで行って、「ほら、今のうちに降りなよ」って言った。母親が、えいって飛び移るときに、足で舟を蹴とばした。舟が後ろのほうへ動いたもんだから、母親はドボンって水に落っこっちゃった。まあ、お母さんと仲良くはなりたかったんでしょうね。

『かんしゃく』という噺で、小さな暴君のような旦那と一緒になった娘が、たすけを求めて実家に帰るところがあります。母親が「この子はうちでやさしく育った子ですから、ああいうところにお嫁に行くのはかわいそう」って言うと、父親が「こういうときは（嫁に行った先に）すぐ帰ったほうがいいんだ」。そして娘が帰ったあと、父親が「あいつは、今がいちばん大事なときなんだよ。そこであんなことを言ったらお前、くじけちまうじゃないか」って母親をたしなめる。あそこは父と母の理想像っていう感じがあります。あの噺をやることで、ずいぶん救われます、私は。

ただ、実際の母親に対しては、やっぱりねえ……。親父に対しても強かった。わがもの顔に組みすえてましたから。学校へ行けば立派な先生かもしれないけれど、家ではなんの役にも立たねぇって、私たち子どもの前で言ってましたから。

おふくろは、私の一生のテーマですね。おふくろを喜ばしたいっていう気持ちはあったんです。あのおふくろは嫌いなんだけど、世間でいうおふくろはそうじゃないじゃないですか。最後はおふくろに「悪かった。私が悪かったよ」って、やさしくなってくれればというのが、私の夢でした。夢はかなわなかったけどねえ。

おふくろは、がんで二カ月ぐらい東大病院に入院しました。しばらくぶりに家に帰ってきて、寝たっきりになった。それまでは、なにを言っても「人間というものは、そんなもんじゃない」とか、「そういうことは、してはいけない」とか、説教してばっかりだったのが、体調が落ちてるからなのかもしれないけど、姉や妹が「おかあさん、こうしなきゃダメでしょ?」って言うと、「はーい」って言ってるんですよ。なんだ、この「はーい」っていうのは。「この前、こう言われたでしょ、先生に」「はーい」。なんでも「はーい」って素直なんです。こんなに素直なら、もっと前になってくれりゃあよかったのに、って思った。

で、今が話す最後のチャンスかなと思って、母親のそばへ行って、「なんでもそうやって今、はーい、はーいって言うけど、なんでもっと前から、そういう素直なお母さんになってくんなかったんだよ」って言ったんです。「そういう返事をくれたこと、いっぺんもなかったじゃないか」って言ったら、おふくろが、やや間をおいてから「だって、お前が素直じゃなかったからだよ」って言ったんですよ。もう、こいつとはあの世へ行っても仲良くなれないって思ったね(笑)。

……でも、えらかった。そこまで我を通せたっていうのは。そのおふくろの子ですから、私はふつうの世の中にはふつうに生きていけない。お前は立派なこの家の跡継ぎなんだから、みたいに言われ、期待のされかたも女きょうだいとは全然違う。卵かけご飯を食べるとき、ほかのきょうだいたちはひとつの卵をみんなで分けて食わされていたのを、私が受験生のときはお前は受験があるんだからと、一個丸ごと食わされた。もうかったなとは思ったけど、正直言ってうれしくなかった。そのぶん代償を求められるんだろうと思って、すごくいやでした。そういうところが建前ばかりの人間で、私もそういう人間をことさら嫌いましたし、今でも嫌いですね。

母親は六十一歳で亡くなりましたけど、そのときのことをよくおぼえてますよ。かわいそうな女でしたけど、でもおれたちも、こんなにかわいそうだったもんねえって思ってました。ほんとうに痛めつけられましたから。人の身になるっていうことのなかった人だったのかなあ……。まあ、そういう意味では短命でかわいそうな女だったな。人のあたたかさとか、そういうものを感じたことがなかったんじゃないか。自分が命令したり、指図したりする、そういうことだけで頭がうまってたんじゃないのかな。

母親のことはそんなにいやなら忘れて、どっか行っちまえばよかったのに、いつも背中にくっついてますね。どうしようもない。父親も決して融通の利く人間じゃなかったし、夫婦でなにか共通した楽しみを持つということは見受けられなかった。だから、父親も母親も結局はひとり寂しく生きてたんだろうな、って思うんです。

突然ですけど、『グロリア』っていう映画があります。主演の女優ジーナ・ローランズが扮するグロリアが、自分とは関係ない友だちの子どもを必死で守る。かつての仲間だったマフィアたちが酒を飲んでるところに行って、「誰にも母親はいる。でも私は、母親じゃないわ。ミルクとは縁無しの女よ」みたいなことを言って、撃つなら撃って……と。お母さんじゃないけど、守ってくれるすごい人っていうんでしょうか。あの映画は、やっぱり忘れられないね。座右の映画かな。今思い出して、涙ぐんじゃったよ。ジーナ・ローランズの亭主の監督、ジョン・カサベテスはよくあんなものを作ったなと思った。よかったですよ。最後、墓地でグロリアがその少年を抱きしめる。女としての幸福感っていうか、人間としての幸せ感っていうのかな。忘れられないねえ。

はじめは、テレビの午後の映画タイムみたいなところで途中から見たんです。あんまりよかったんで、「なんていう映画だ、これは」って探しまくって、やっと探しあてた。グロリア、かっこいいんだ。最初の、ヤンキー・スタジアムが出てくるあの場面から、バスが走ってきて、貧民窟の子どもがバスのうしろへ寄ってたかって乗っていく。ああいうところから、もうその世界にずーっと入り込んでいくんです。素晴らしい。

これも突然ですけど、さだまさしの『無縁坂』っていう歌を、自分の歌のコンサートで歌ったことがあります。「母がまだ若い頃」っていう歌い出しで始まるんですけど、たまらないですね。あの歌は「どうしてお母さん、もっとやさしくしてくれなかったの」って問いかけたときの私の気持ちとは違うんだけど、母親だって一人の人間で、一人の女で、いろいろなことの中で成長していったんだろうしって、母親のことを考えるたんびに思います。

『グロリア』、あれも親子の話ですよね。親子じゃないのに親子以上。でも、親子じゃない。なにかそこに、私の共通分母があるんじゃないでしょうか。

二、野菊の如き君なりき

中学生のころ＝自宅前で

中学二年のとき、体育の時間に服を脱ぎ捨てて、体操着になって校庭へ出て、その時間をすまして教室へ戻ってきたら、私の脱ぎ捨てた服がたたんで机の上に置いてあった。……っていうのが、ほんとにつまらないきっかけですね。脱いだ服が机の上にグジャグジャグジャっと積み重なっていたのを、同級生がきちんとたたんで置いてくれたっていうことに、母親との縁の薄かった私はびっくりしたのかもしれません。

彼女は私がすわってる前の席でしたから、いつも背中を見ながら授業を受けてました。いっぺんそれが気になりだすと、もう授業のことは全然頭に入らないで、彼女の背中や髪の毛ばっかり気になってね。いい時間でした。どういう感じって、いい子でしたよ。タレントの誰とか、映画俳優の誰とかっていうようなものではないんですね。でも話しかたもやわらかくって、なんかよかったですね(笑)。

なんだかんだ言っても、中学二年のときから、まあ、意識するような仲にはなったんじゃないかなあ。だけどそのころは、喫茶店とかそういうものに行くっていう風習が世の中になかった。私は不良じゃなかったからねえ。

でも、映画に行ったことはあったかな。ひとつは『深く静かに潜航せよ』っていう戦争映画でした。まったく、あんな映画を見せに連れてっちゃあいけないね。戦争映画、好きだったんですけど、いけないいね。

高校へ入ってから、『汚れなき悪戯』でしたっけ、「こういう、いい映画があるんだけど、見に行かない?」っていう誘いを受けたんですよ。私は、それを学校の映画教室かなんかで見ちゃってたのかな。それで「見てるから、もう見ねえ」って言って、行かなかったんですよ。なぜそういうこと言うんだ。いいじゃねえか、見てたって、また行きゃあって。あとになってどのくらい反省したかわからない。照れもあったんでしょうねえ。毅然とするところは毅然とする、みたいなね。毅然としなくていいんだって。そういうところがいまだにあるんだよ。バカですねえ。

それから、木下恵介監督の『野菊の如き君なりき』。これはもう、どうしようもないくらい胸をかきむしられました。主役の女の子を演じた有田紀子が、全部その彼女に思えてね。四谷三丁目の映画館に見に行ったんです。あんまりよかったから、「一緒に行かないか」って言ったら、「もう見ちゃった」って言われたのかな(笑)。前にこっちもそういうこと言ったから、「行ったたっていいじゃないか、また行こうよ」って言えなかったんです。

でもね、彼女の家には一週間に二日か三日、学校の帰りに乗り込んでました。家族の人ともみんな仲良くなって。弟、妹も多かった人ですよ。私と同じように五人きょうだいかな。

中学二年のときの担任で、中島章一っていう特攻隊上がりの先生がいました。この人も私の人生のキーパーソンですね。体罰も厳しかったですけど、笑顔のいい人でした。自分の受け持ちの中学二年生の中から男が二人、女が五人、自分の気に入った生徒を選んだのか、その中に私も彼女も入ってました。それで、春休みや夏休み、冬休みや連休には先生の家へ遊びに行って、先生の子どもたちや家族と仲良くなりました。

みんなで歌を歌おうっていうんで、それぞれ好きな歌を歌ったこともあります。「郡山(私の本名)、お前歌えよ」ってだれかが言うと、彼女が「郡山さん、『山のけむり』を歌って」って言ったんです。どうしてそう言ったのかっていうと、たぶん彼女と一緒にいるときに、私が歌ったのかもしれませんね。だから、それ歌ってよって。で、歌いました。彼女にリクエストされたことが、まるで天使にリクエストされたような気がして、それ以降、「彼女のいないところでは『山のけむり』は歌うまい」と思ったんです。それは相当長く続きました。

はじめて彼女の前じゃないところで歌ったのは、三十歳を過ぎて新宿のゴールデン街です。兄弟弟子やなんかのたまりになっていた小さなバーで、そこへ流しのジローさんていう人が来て、いろいろ歌っているうちに、「師匠、『山のけむり』歌いましょう」って言われて。ちょっとストップかかったんですけど、心の中でもういいかって。彼女のほうは三人の子持ちになってるし、いつまでもこんなことといってたってしょうがねえかって。酒場の雰囲気と、またジローさんがいい伴奏ひいたんですよ。つい乗せられて、歌いました。涙ながらにね。そこでいっぺん歌ってからは、よく歌うようになりました(笑)。

彼女との個人的な思い出っていうのはないんですけど、「今度、仲のいい友だちと山登りに行くんだけど、一緒に行かない? 弟も行くんだけど」って言われて、行きました。西武線の吾野《あがの》の駅で降りて、山道を上って行くんです。峠ですね。いちばんいい時でした……。うれしかったねえー。もう思い出しても、声がふるえるほどだよ。手を握ったこともないし、握りたかったし、肩も組みたかった。もっといろんなことしたかったんでしょうけど、そのころの私としてはできなかった。私は、まあ、硬派だったんでしょうかねえ。

高校二年のときだったかな、「家族で江の島に泊まりがけで行くんだけど、郡山さん、来ない」って言われました。私や私のうちにとっては、とんでもない青天の霹靂《へきれき》です。泊まりになんか、なおさら行けないんですけど、結局、「行かない」っていう返事をした。行く日は知ってました。

そのころ、ラジオ東京（現・TBSラジオ）で昼間、のど自慢をやってたんですよ。丸石自転車っていう自転車屋さんが提供で。そこへ出て、落語をやったんです。ときどき歌とは違う種目の人も出てたんで、落語でもやろうかって。その日の出場者は、私以外はみんな歌でした。優勝すると、当時はやり出したサイクリング自転車がもらえました。私は優勝して、それをもらったんです。なんか落語をやって優勝しちゃうのは、申し訳ないような気がしましたけど。

そのときに審査委員長だったのが、安藤鶴夫さん。もちろん審査員には歌の人もいました。きっと安鶴《アンツル》さんが懸命になって推したんじゃないですか。この人が優勝だよ、なんて。こっちはポカンとしてるうちに、え、優勝なの？　って自転車をもらえることになった。


で、その朝、突然思いついて、それに乗っかって江の島に向けて新宿の家をあとにしました。何時間かかりましたかねえ。朝六時すぎ、七時ごろに家を出たんでしょうか。むこうに着いたら、もう十二時すぎてましたね。懸命になって、こいだんじゃないですか。道も訊きながら行ったんでしょう。行ってみると混んでいて、つくだ煮ひっくり返したような騒ぎで、どこにいるかなんてわかりゃあしませんよ。泊まってるのは海の家だとは聞いてたけど、探したってわかりゃしない。まあ、いいや、とにかくここへおれは探しに来たんだ、っていうことに自分の美学を感じました。それで、江の島の橋をくぐって向こう側へ出て、ひょっと海を見たらば、彼女が海から上がってきた。これはもう、神のお告げだと思うでしょう？　なんでそのとき、好きだと言わなかったんだろうねえ。ほんとに、言いたかったよ。だけど、そんなこと言ったこともない。まったく、じれったい男だったねえ。ダメでもいいから言わなきゃってことを、やっぱり子どもには教えなきゃねえー。

まあ、今考えてみると、あのとき言うべきでした。だって、何万人いるかわからない中から一人、こう上がってきたんですよ。まるで人魚のように感じました。海の水に濡れて、背後には江の島の海の、逆光の波がキラキラキラキラ輝いて、もう全部頭の中に残ってますよ。どんな会話を交わしたんですかねえ。飛んでって飛びついたりはしなかった。「あら、来てたの？」みたいな、ぎこちない会話だったんでしょう。来てたのって、来てなきゃいるわけない(笑)。まあ、そのころの少年少女はそんなものでした。「まあー、何とかちゃーん」なんて言うのは今の世代ですよ。もっと前からそうですけど。まだ、戦後の香りがうんと濃いときですから。

私も、まったく『野菊の如き君なりき』とおんなじように言えなかった。この映画で描かれている時代に比べれば、そこまで言えない時代でもないだろうと思う。だけど言えなかったねえ。「好きなのはわかってるんじゃないの」っていう思いはありました。そうでなきゃあ、一緒に映画になんか行きませんよ。夏休みになると、示し合わして図書館に行って勉強したりしてましたから。

だんだん思い出すと、全部むこうから石投げてきたんじゃないかと思うんですね。同級生と山登り行くから行かない？って言ったのも、海行かないって言ったのも彼女のほうからでした。それから、高校は別の学校だったけど、運動会があるから見に来る？って言われて、行ってるんです。ですけど、気恥ずかしいんでしょうかねえ。ひょっと見たら、向こうから彼女が親友と、私を探しながら歩いてくるのがわかったんです。探されて、ジャーンって出ていくのがとっても恥ずかしくって、隠れちゃった。そのあと彼女の家へ行って、「今日、行ったんだぞ」って言いました。「私、探したのよ。なんで見つかんなかったのかしら」って彼女は言いました。知ってたんだけど、なんか決まり悪くて出られなかった。お互いにその気持ちはわからなくはなかったでしょう。そうやって彼女の家へ遊びに行くのは、もう癖《へき》っていうか、恥ずかしくもなかったんですけどね。

彼女は高校を出て就職しました。時々は彼女の会社に電話をして、その会社は丸の内でしたから、ずっと三宅坂のほうまで皇居のお濠端を歩いて、三宅坂から都電に乗って、四谷三丁目の彼女の家まで送って行ったのか、そこで別れたのかは忘れてしまいましたけど、幸せな時間をもらってました。

でも、映画じゃありませんけど、言えなかった。言えないっていうところがそのころの『野菊』であり、私であり。……映画の中でも、君が好きだよとか直接的なことは言ってないはずです。映画の場面で二人で山の綿を摘みに行くところがあるんですけど、あの途中の二人のやりとりなんかまったく自分の胸のうちを再現してくれてるようなものでね。憧れもしたし、じれったくもあったけど、「そうだよね、言えないよね、ほんとのことは」っていうのが、まあ、美学であったのかなあ。

『野菊』では政夫さんと、民子さん。もう、民さんが彼女だと思ってるくらいでした。この映画の話になったら、とどまるところを知らない。場面はいっぱいおぼえているしね。政夫が舟に乗って学校に行くっていうときに、霧の中に舟が消えて行くところがあるんですけど、そこに小林トシ子が演じる女中と、民さんが見送りに出てくる。二人ともなんにも言わないんです。で、舟が出て行く。と、それまで、意地悪ばっかりしていた小林トシ子がもう味方になってて、民さん、なにか言いなさいよっていう場面があった。でも、なんにも言わないで、ただ涙をためて、じいっと耐えている場面なんかはたまらなかった。木下映画の真骨頂だったねえ。

政夫のお母さん役の杉村春子がよかった。最後に後悔して、自分が民子を嫁に行かせなければよかったというところ、あれだけで絶大なるファンになりました。ほかにもいろいろいいもの見せてもらったけども、あすこはもうオイオイ泣くしかないでしょう。ほんとは二人を一緒にさせてやりたかったたっていう気持ちは、あると思うんです。だって、みんなが反対するのに綿畑に行っといでって言ったりなんかするわけでしょう。……これは困ったもんだよ。もうだめだよ、涙出てきちゃったよ(笑)。村の人や家の人からわいわい言われて、そうしなきゃならなかった。昔はそういう世の中だった。お母さんが甘いからそういうことになるんだって、さんざんっぱらたきつけられて。

民子が死んだあと、車屋に送られてきた杉村春子が、屋敷の中へ入っていく。「どなたかおらんのかねえー」って車屋が呼んで、杉村春子がよろけるようにして中に入っていく映像ははっきり心に残ってますけど、うまかったですねえ。あれだけで、ああ、民子が死んだんだなってことがわかる。

あの映画はやっぱりいいです。笠智衆っていう人の絶対的なファンにもなっちゃいました。はかなさっていうか、淡々と見せているけど、何とも感動の大きなねえ。術中にはまりました(笑)、悔しいけど。有田紀子の絣の姿がいいんです。芝居は下手でしょう？　こんな下手な小学生か中学生がいるかしらと思うぐらいのねえ。

なんたって、主演の二人がどうにもならねえダイコンですから。でも、ダイコンだからこそイメージが広がったってことはありますね。あれをヘンにうまい子がやったら、それだけになっちゃう。だから、あんまり主役の表情なんかいらないかもしれない。やっぱり、またそこでも、師匠・五代目柳家小さんから言われた「心で演じるもので、声や表情で演じるものじゃない」っていうことが、クローズアップされてきます。役者がうまくていいドラマになっているものは、今でもめったにないけど、それはその役者がうまいっていうより、ドラマの運びやら脚本やら、すべてが昇華してのぼりつめて出てくるものですねえ。

今のＮＨＫのドラマにしても、よく出来てますよ。ただ、表現の方法が変わってきました。役者の表現の方法もつくる側の方法も変わってきたけど、それはいつも画面から与えられる楽しさや悲しさです。この映画のは、画面から与えられるものじゃなくて、見てる人の心の中から湧き出てくる楽しさや悲しさや切なさだった。

私の噺が目指しているのは、そういうものかもしれないねえ。いちいち全部説明してやって、どうだ、楽しいだろう、悲しいだろうっていうものじゃなくて。見てる人が感じざるをえない、楽しさや切なさや悲しさ。それが湧き出てくるような噺ですね。

どんなインタビューをされても、「いちばん好きな映画はなんですか」って聞かれたら、これを挙げます。私のバイブルです。「心の方針」というか。ああ、この映画の話をすると、ダメ……。

三、落語と出会う

高校１年，落語研究会の発表会で．高座名は
「青山亭（せいざんてい）無学」

少年のころ読んだ『宮本武蔵』と『鞍馬天狗』も、私のバイブルですね。吉川英治の『宮本武蔵』は戦後、我が家の裏手の物置きでひょっと見つけたのが最初です。第何巻だったんでしょうか。宮本武蔵が木曽の道をたどっていて、棒術の夢想権之助という男と出会うところです。たしか武蔵がしたたかにやられるんじゃなかったかな。挿絵は覚えてます。表紙はなくなっちゃってました。なぜ、そこにあったのかわかりません。親父が読んでいたとも思えませんね。私に見せようと思ったわけはないと思うんです。その後、武蔵の話になっても乗ってくるようなことはなかったですから。

宮本武蔵の永遠の女・お通さんの話もチラッと出てきたんですけど、前と後がちぎれていてわからない。おもしれえなあ、これ、読んでみたいなあと思っていたら、あとになって二番目の姉が本をくれたんだと思います。

私が中学に入ったときに「もう、こういう本も読まなきゃ」って、その姉がくれたのが夏目漱石の『坊っちゃん』でした。笑いながら読みました。赤シャツや野だいこ、山嵐もキャラクターがおもしろかった。ああいうのがのちに落語が好きになる下地になったのかもわかりませんね。今でもおもしろいと思いますよ。

隣の山城屋っていう質屋の少し「与太郎」みたいなやつ、勘太郎が四つ目垣から落っこってどうしたとか、「勘太郎は無論弱虫である」とかっていう言い方もおかしい。ほんとうに弱虫なやつを弱虫らしく書いてるわけじゃなくて、坊っちゃんが、つまり漱石が言ってるんだけど、そういう設定の仕方がおもしろい。そしたら、漱石は三代目の柳家小さんに傾倒していたらしく、その影響がないわけはない。なるほどなあ、と思って。

それで、『宮本武蔵』にのめり込んでいく話でしたね。自分の育ちと共通するものを感じたり、「おすぎ婆」っていうのは、うちの母親じゃないかと思ったり。おすぎ婆は最後に私が悪かったって言うところがあったと思うんですけど、うちの母親にはなかったなあと寂しい気がしたり。今思うと、おすぎがなぜああなったのか。どうしようもないせがれの又八をなんとかしたい、それにはああするしかなかったっていう、おすぎの悲しさ、女の切なさを感じるのは、その後、私も人生を深読みするようになったからでしょう。そのころはなにも知らないから、いやな婆だなって思ってました。

ほかにも、宮本武蔵が剣豪・吉岡清十郎と一騎打ちをしたあと、一人で霧の中を歩いていくと、親子が野だてをしている。それが本阿弥光悦とその母親だった。吉岡やその門弟衆と闘う場面も素晴らしいんですけど、そういう原野の空気感や静寂感の中に自分を見きわめていくところも素晴らしい。

その親子が野の草を摘んだり、しんとしている中で静かな会話を交わしたりしてるのが、闘いとはまるで別世界のように思えてよかったですね。それで、お茶をどうぞって言われる。私は不調法者で茶の飲み方もわかりませんって言うと、そのお母さんが「お茶は心でいただくもので、作法はいりません」と。そんなところに感激したもんです。私は「心よりは、作法をちゃんとしろ」って、父親からも母親からも言われてきましたから。こういうときにもただ心が必要なのか、作法は二の次、三の次だっていう、その奥の深さがすごいなあと思いました。

その後、自分が芸をやっていくうえで、結局は心なんじゃないかっていうことを、きっとここから教わったんでしょう。そのころは私のバイブルになるとは思ってませんでしたけど、素晴らしかったですねえ。

また、本阿弥光悦っていう人がいかに洒脱か。将軍に会っても驚きもしないし、遊郭に行けば、ただの遊び人のように振る舞う。変幻自在に生きられることに憧れたとか、そういうことにいっぱい出会うんです。

宮本武蔵についても、もちろんありますよ。柳生の家へ行ったときに花が活けてあった。その花の切り口の鋭さを見て武蔵が驚くところを読んで、「えっ！　そんなことで」って思いました。やっぱり道をきわめるっていうのは、並大抵のことじゃねえなと思ったんです。

『鞍馬天狗』に興味が向かったのも、いってみれば「武士道」に通じるところが素晴らしいと思ったんでしょう。刀を振り回してチャンバラやるのが武士道か、と私は思っていた。だけど、そうじゃない。刀は、人を斬るためにあるんじゃない。身を守るため、平和のため、自分を律するためにある、と新渡戸稲造は説いたっていうことを、のちに知りました。

宮本武蔵も、最後は剣を抜かなくなっていくんですけど、最初は抜いちゃあ斬りつけていたわけでしょう？　だけどそれじゃ、人間として生きていけない。野だてで本阿弥光悦のお母さんに「お茶は形ではありません、心です」って言われたようなことが、宮本武蔵をつくっていくわけですね。で、そういうことに感動しながら、私もつくられていったわけです。おふくろをやっつけるだけが人間の道じゃないってね(笑)。だからって、許すわけにはいかないとか、いろいろな思いがあったんですけど。

子どものころの武蔵は、「たけぞう」って呼ばれてますね。その読みは、私の名前とおんなじです。親父は、そこまで考えてつけてないと思いますけど。映画を見ていて、「たけぞう」って言われるのは、とても恥ずかしかった。「たけぞう」っていうことばは、とても恥ずかしい。今でも「お名前は?」って聞かれて、名乗るときにはちょっと恥ずかしさがあります。「本名は郡山剛蔵《たけぞう》です」って言うとき、なんか一瞬宙に浮くような気がする。郡山も珍しいんですけど、そのうえ剛蔵っていうのが、なんか面目ないような気がしてるんですよ、実はね。まあ、お許しください。

『鞍馬天狗』は、最初は映画でした。私は嵐寛寿郎、アラカンのファンです。その姿勢の良さというか、清潔感というかが見事だった。

でも、映画の『鞍馬天狗』は人を斬りすぎるって、原作者の大佛《おさらぎ》次郎が怒ったというのも、おもしろいですね。それもわかるけど、ふつうの人にとっては人を斬るからおもしろいんで、だから私も映画を見に行ったんです。だけど、原作を読んでみると、斬るからおもしろいんじゃなかったねえ。京都に生きる人のくらし、そこで培ってきた鞍馬天狗の「節度」っていうか、「節操」っていうか。いやあ、いいものに出会いましたよ。

ですから、どうですか。噺家として生きていくうえで、できれば鞍馬天狗のように生きていきたいなと思う気持ちがどこかにあるんじゃないですか。おもしろきゃあなんでもいい、ドタバタやってればいいっていうんじゃなくて。あんまり噺家仲間からは喜ばれませんけど。そういうところに良さがあるって思う私がやってることですから、どこかにそんな匂いがあればいいなと思うんです。

それで、落語です。

中学から高校にかけて、映画とか歌とか、落語とはちょっと違うことに興味がありました。映画の『野菊の如き君なりき』も純愛ものでしたね。それから、形は違うけど、『誰が為に鐘は鳴る』も純粋な愛に生きる話です。純粋愛には憧れてました。好きな歌にもそういう歌が結構あります。それは今も、基本的には変わんないんじゃないでしょうか。だんだん風化してくると、単なる女好きってことに片付けられちゃうんですけど。

そういうものにひかれていた私が、落語と出会ったのは中学三年です。講談社の『落語全集』を立ち読みして、『長屋の花見』を読んだときでした。

戦後は食うものや着るものに恵まれなかったので、みんな代用品です。お米の代わりにイモですし、パンも代用食って言われてましたから、本来の食事ではない。おかずにしても、焼け跡に生えているわけのわからない雑草を切り集めてきて、ゆがいて食ったりしてました。

日本の庶民はみんなそうやって生きていた。その中で『長屋の花見』という噺は、酒はないけど番茶を薄めて「おちゃけ」として持っていこうとか、たくあんは黄色いから「玉子焼き」、大根づけは白いから「かまぼこ」とか言う。それだけで少年の心は満たされましたねえ。玉子焼きなんて夢のまた夢、遠足のときに持たせてもらえるんだろうかっていうものですから。かまぼこなんか小田原に親戚があるやつはともかく、幻の食べ物でしょう。そういうものを歯を食いしばりながら持ってって、みんなでそれを真ん中にして番茶を煮出した「酒」でわいわいやろうじゃねえか、なんていうのは、まったくその時代を痛快に生きるための知恵でした。そこに女の色気とか、そんなものはなんにもありません。食い気より強いものはないですねえ。落語は、貧しさを満たすためのものです。そういうものがいちばん根底にある。

それで、上野の山へ行ってみると、みんな楽しくやっている。おれたち一行は荷をほどくと、中からたくあんの玉子焼きと大根の香このかまぼこだ。で、まわりがうらやましくってしょうがないっていう発想が出てきます。すると、そうだよなって共感する。大家さんが「おい、ここらでもって、宴を広げようじゃねえか」って言うと、たくあんや大根の玉子焼きやかまぼこをかついでる月番の二人が、本物を飲んだり食ったりしている人たちをぼんやりつっ立って見ています。「なにしてんだよ。こっち来なきゃ、しょうがねえじゃねえか。これから始まるんだ、ボリボリのガブガブが」って言いながら健気に強く生きていく。それはもう貧者でなければわからない、貧者の強みです。だから、そういうものを知ってる者と知らない者とじゃあ、落語を聞いてもまるで楽しみが違ってたんじゃないですか。ほかの噺でもきっと、そういうことだろうと思います。『長屋の花見』では、それが顕著に出てました。この噺をつくったのは、戦争よりもっと前の時代の人ですから、貧乏人にとってうらやましいなと思ったことが、くり返されているわけですね。それが貧しい時代にピッタリ来た。たまたまそこに出くわしちゃったんでしょうかねえ、私は。

で、番茶の酒を飲むと、「こんなもの飲めるかい」ってみんながブーブー言い出す。月番が大家さんにヨイショして、「長屋じゅう、一人残らず飲まなくちゃいけないんですよねえ」って言うと、大家さんが「そうだとも」。誰かがチャチャを入れて「予防注射とおんなじだ」って言う。ちょうど戦後、いろんな予防注射がありました。一人だって、もれがあってはいけない予防注射は、あったかいものでした。蹴落とすんではなくて、救いの手だった。そういうものがふわっと入っているのが、なんとも痛快でした。もう、好きになるよりしょうがなかったんじゃないですか。

そのころは、ラジオでいろんな放送局をつなぎ渡っていけば、落語の番組を朝から晩まで切れ目なく聞くことができました。そういう落語ブームだったから映画が出来たのか、盛り上がりを世間で感じ取ったのか。『落語長屋は花ざかり』(青柳信雄監督)という映画もおもしろかった。森繁(久弥)さんが座頭の役で、その目があいたとき、持っていた笛をふっと見て、「なんだ、こんなもの」って、ぽーんと捨てるところがおかしくってね。それから、この映画の中で久慈あさみさんがやってる女房は、私の『たらちめ』という噺のモデルです。

中学三年で落語を知ったと同時に、やり始めてました。中学卒業の謝恩会で、私は卒業生代表として落語をやってるんです。出たがりだったんですかねえ。『日和《ひより》違い』っていう噺でした。のちに六代目三升家小勝になりましたけど、桂右女助《うめすけ》っていう人がやっていたのをラジオで聞いて、単純な噺ですから、おもしろかったんだと思います。

高校に入って、先輩に誘われて落語研究会に入りました。落語をおぼえたてで、おもしろくてしょうがなかったんでしょう。神宮球場のそばにあった学校ですから、昼休みはみんな表へ出て、外苑やら屋上やらで弁当を食ってました。でも、私のクラスはだれも表へ出ないで、教室で弁当を食いながらゲラゲラ笑っていた。なぜだろうって人だかりがするようになりました。教室をのぞくと、一人の少年、つまり私が教壇に立ってなんかやってる。落語や講談、時事漫談のときもあれば、先生のものまねのときもある。あのころは人気絶頂でしたねえ。

四時間目が終わって昼めしになるんですけど、私は昼休みにそなえて、三時間目が終わったところで弁当を食ってました。

四、しろうと寄席

高校3年，ラジオ東京(現・TBSラジオ)の「しろうと寄席」に出演＝1957年12月．写真提供：ジャパンタイムズ

高校三年のとき、ラジオ東京の「しろうと寄席」っていう番組を聞いて、おれが出てもいいのかなと思って出たら、十五週勝ち抜きました。

でも、あれは実力じゃないですから。スターを作りたいんです。「来週は出られません」って言うと、「大丈夫、十秒もたたないうちに鐘を鳴らすから」って、ほんとにすぐキンコンカンコン。ほめられることより中身を充実させなきゃ、っていう意志が固まっていくのでありましたよ。やった噺は『まんじゅうこわい』『雑俳』『味噌蔵』『万病円』『巌流島』『道灌』『湯屋番』なんかでしたか。司会の牧野周一さんに「年頃亭ニキ助」という名前をつけてもらいました。審査員席には、八代目桂文楽師匠、のちに私の師匠になる五代目柳家小さん、コロムビア・トップ・ライトさん、安藤鶴夫さんらもすわってました。

十五週勝ち抜いたところで、大学受験のために番組を勇退させてもらった。そのときは大学へ行かなきゃ一人前になれないと思ってたし、噺家になろうなんてまったく思わなかった。でも、受験に失敗して予備校に行くと、女の子が黒板をにらんでる。あんな気持ちで点数を取っても、人間にはならねえよと思った。それで最後の最後に、大学へ行かなくても生きてみせらぁってケツまくっちゃったんです。

で、噺家になるんですが、私は人情噺をやりたいって思ってました。だから、滑稽噺の小さんの弟子になるつもりはなかった。ただ、「しろうと寄席」の録音の日に小さんと楽屋で二人っきりになったことがありました。まだほかの審査員も出演者も来ていない。小さんと向かい合ってすわっていました。小さんはなんにも話しかけもしないし、ちょっと上目づかいで壁の一点をじーっと見つめたまま、目がキョロッとも動かない。芸はちっともおもしろいとは思わなかったっていうか、よくわからなかった。けれど、その目がすごく澄んでいた。それを見て、惚れたんですねえ。

審査員の安藤鶴夫さんには、毎回励まされたり、けなされたりしてました。安鶴さんの『落語鑑賞』という本は、もともとは戦後すぐ大佛次郎が中心になってつくった雑誌『苦楽』に連載されたんだと、最近知りました。はじめは久保田万太郎に頼んだけれど断られて、安鶴さんに話が行ったと。これは、文楽師匠や(六代目三遊亭)圓生師匠たちの噺を聞き書きしたものです。

大佛次郎は、「私は江戸の市井のこと、武士や町人の話のやり取りを書くのに、三遊亭円朝の落語や世話噺を絶好のお手本とした」と書いているそうです。私は、この「しろうと寄席」から始まったと言っていいくらいなんですけど、そこで、文楽師匠や安鶴さんが審査員をしてたわけでしょう? みんな、大佛次郎からのつながりだったんでしょうかねえ。

そう人に言われても、私は誇らしくさえ思え、恥ではない。私、鞍馬天狗ですから。幕末から明治維新が好きになったのも、『鞍馬天狗』の影響です。今でも『鞍馬天狗』を読み直すと、まるで初めて読んだように景色が見えてくる。その後、『天皇の世紀』にあんなに魂を持っていかれるとは思わなかったけど。そんなヒマはなかったはずなのに、めし食う時間ももったいなくて読んでました。憎かった近藤勇に愛着すら感じるようになったのも、もとはと言えば大佛次郎の書いてるものを読んだからです。大佛次郎が私を育てていると思っちゃうこともありますね。

噺家になったあとの話ですが、私が二ツ目のとき、安藤鶴夫さんがきっかけで長崎寄席というのができました（一九六七年六月）。安鶴さんの家に呼ばれて「この人は、長崎放送の花山一太さんっていう人だよ」って引き合わされたのが、花山さんです。「売れっ子の一流どころじゃなくても、いいなと思う芸を長崎の人に聞いてもらいたい。ついてはキミ、世話役をやってくれないか」って、私は安鶴さんに頼まれたんですけど、なにを考えてたんでしょうかねえ。私と花山さんで制作会議みたいなものをやって、その後、何十年か続いてきました。今も続いています。長崎寄席も、安鶴さんが残していったひと時代だったなあ。

五、小さん師匠に入門

五代目柳家小さんと，二ツ目だったさん治（現・小三治）
＝1964年，上野の鈴本演芸場で．写真提供：朝日新聞社

私が大学受験を蹴って、噺家になりたいと思っていたときのことです。親父がつとめていた小学校のかつての教え子に、新宿末廣亭の若旦那・北村一男さんがいました。のちに社長になったけど、そのときはまだ若旦那です。このかたに、親父が「北村君、うちのせがれが噺家になりたいって言ってるんだけど、相談に乗ってやってくんないか」って、話を聞いてもらった。私の話を聞いて北村さんは「先生、これはいっぺん、小さん師匠のところへ行ってみましょうよ。きっと、小さん師匠なら止めかたを知ってるでしょうから」って言うんで、私の親父と三人で師匠のところに行ったんです。

師匠とはいろいろ話したんでしょうけど、そのときの有名なエピソードっていうと、「今、お父さんが言ったように、これからの世の中はただバカバカしい笑いばかりじゃなくて、教養のある笑いを求めていくもんなんだから、ちゃんと大学を出てそれから教養のある笑いをやるようにしたらどうだ」って、師匠が言ったんだそうです。うちの親父も「そうだ、そうだ。師匠のおっしゃる通りだ、これからは教養のある笑いだ」って言った。そしたら、郡山少年(私)は、小さんのせりふを借りれば、「冗談言っちゃあいけねえ。世の中が進めば進むほど、バカバカしい笑いってものを人が求めるようになるんだ。教養のある笑いなんかおもしろくねえや」って、言ったんだそうです。

小さん宅を掃除する，前座時代の入船亭扇橋（右）と柳家小三治＝1962年

私が真打になった直後ぐらいだったでしょうか、師匠が「こいつが入門したとき、こんなことがありました」って、人にうれしそうに話してたのをおぼえてます。私はすっかり忘れてましたから。えーっ、そんなこと言った？　でも、言いそうだな。おれなら(笑)。

五代目小さんが、四代目の師匠に弟子入りするとき、「これからは噺家だって教養がなくっちゃならない。中学ぐらいの本、読めるのか？」と聞かれたっていいます。ここでも「教養」が話題になっていた。曲がり角に教養あり、ですね。

私が教養のある落語なんかおもしろくねえやって言ったのは、世の中が進んでくればくるほど、人間の本来のおろかしさやバカバカしさに気づかされたとき、人はみんな心底、腹がよじれるんじゃないかって思ったんですね。今でもそう思います。

（立川）談志さんも、そういうことには気がついていたと思います。私とは考えかたや表しかたも違うでしょうけど。談志さんから言われたのは、古典落語をやるときに「なんとか的な」っていう言葉は使っちゃいけない。そういうときは言い換えて、新しい時代が匂わないような言葉を使ってやれ、ってなことですね。談志さんが若いものを集めて、これからのお前たちに言っておきたいことがあるって、（五代目三遊亭）円楽、（五代目春風亭）柳朝たちと、昔の部隊でいえば兵長が新米を並べといて教訓たれるように、そんなことを言ってました。

それは私がこの世界に入ってまだ間もない、前座のころのことです。なるほどなあ、いいなあって思いました。納得できましたね。古典の香りっていうか。いまだにそれは心がけています。でも、いつの間にか若い人たちはそんなことには一切構わず、自分たちの言葉でやるようになっています。気がついた人には言ったりもしてますけど。

五代目小さんが四代目の師匠に入門したのは、「どうせ弟子入りするなら、人望のある人のところへ行ったほうがいい」と思ったから、という話を聞いたことがあります。私がうちの師匠を選んだのも、雑誌の対談を読んで、「噺家の中にもなんてまじめな人がいるんだ、この人に身を任せれば安全だろう」っていうのがいちばん大きかった。なにか似かよってますねえ。

ともあれ、最初に親父と師匠のところに行ったあと、今度はおふくろも一緒に行きました。ぜひ止めてください、みたいに言いたかったんでしょう。おふくろは噺家のことを河原乞食って言ってましたから。でも、そのころからすでに世の中が変わってきてたんです。そういう中で、以前の時代とはひと色もふた色も違う形で入門することになったということでしょう。

入門してからは、どうしたら噺家になれるんだろうということしか頭になかった。まったく違う世界ですから、今までの生き方の応用なんて考えられなかったですね。地球からいきなり火星に行ったみたいで、呼吸の仕方から変えなきゃダメだぐらいに思ってたんじゃないでしょうか。そのころは、いちいち分析して生きてなんかいない。その日その日が噺家になるためにはどうしたらいいんだって、それしかありませんでした。

いちばん始め、五代目小さんの家ではみんな『道灌』という噺をやります。師匠の四代目小さんが亡くなって、そのあとの師匠が(八代目桂)文楽ですけども、その文楽の家もそうだったから、文楽の教えなのかもしれませんが、とにかく『道灌』から始まる。

『道灌』というのは、どうやったっておもしろくない噺なんです。それを師匠がテレビかなんかで十二、三分でやってるのを聞くと、おもしろいんですねえ。とにかく聞いてて飽きない。納得させてくれる。なんでおもしろいんだろう。自分がやると、あまりにもおもしろくなさすぎる。この距離を詰めるにはどうしたらいいんだっていうのも、大きな壁でした。でも、『道灌』は一向におもしろくならなかった。

ただ、こんなこともありました。二ツ目になったばかりのときでしょうか。上野の鈴本（演芸場）で『道灌』をやりました。終わって楽屋へ戻ってくると、古手のお囃子さんのおすゞさんというおばさんが、そばに来たときに「あんたの『道灌』はおもしろいねえ」って言ったんです。これはうれしかったですねえ。お囃子さんは、高座を目の前にしておんなじ噺を何百ぺん、何千ぺん聞いてるかわからない。それを聞いて笑うなんてことはない。その言い方が、なにか人と違うことやったから、つい吹いちゃったっていうんじゃなくて、「あんたの『道灌』はおもしろいねえ」ってしみじみ言ったんです。もしかしたら、おれは噺家として生きる道があるかもしれないなって、そのときに思いましたね。

……こういう話は自慢でしょうか。自慢話はしないですよ。あるお年寄りが、やっと二ツ目になったばかりのやつの噺を聞いて、しみじみおもしろいねえって言いたくなったときの気持ちを考えると、そのお囃子さんもうれしかったんじゃないですか。この噺をこういうふうにやるやつがいるっていうのは。そういう人からほめられるのは、人気には関係ないけど、おれの今歩いてる道はそんなに間違ってないなと思えるような、自信になりました。それから、そのお囃子さんとは、芸の話なんかはめったにしないけど、世間話じゃあ、とても仲良くなりましたよ。

それにしても、人物も場面もなにも変わらない『道灌』のような噺を、お客さんに聞いてもらっておもしろいと思ってもらうことが、いかに難しいか。それを知らせてくれたっていう点では、入ったばっかりのときから始まって、一生、『道灌』でしたねえ。いまだに難しい。途中で「難しい」って思うと難しくなっちゃうから、とにかく基本に戻って、隠居さんと八っつぁんの二人が世間話をしている、のんびりした市井の噺っていうのかなあ。どこにでもあるような世間話。いやあ、今想像しただけでもいちばん難しいね。

前座だったあるとき、『道灌』を同期生の三人で、師匠に聞いてもらおうっていうことになりました。二人がやり、三人めに私がやろうとしたら「お前もやんのか?」「はい」。すると、「もういいよ」って師匠が言う。「前の二人の講評を聞いてただろ？　それでいいじゃねえか」。で、おしまいだった。なんだ、二人のだけ聞いて、おれのは聞いてもらえねえのかって思いました。

でも師匠とすりゃあ、そうでしょう。噺の基本っていうものをそこで教えてるわけで、どこに気をつければいいか、前の二人に言ったことは、全部私に言ったのとおんなじですから。それも、とても勉強になったんだろうと思います。前の二人の講評を聞きながら、自分の順番を待っていたっていうのがね。へたな噺を二回聞くのだっていやですよ。三人も続けられた日にはたまったもんじゃない。

『長短』という噺は、二ツ目になってからなにか師匠に聞いてもらわないと、と思って聞いてもらいました。寄席ではいやになるくらい受けてて、これだけ受けてるんだから師匠だってちっとはほめてくれるだろうって思って、やったわけです。ところが、小さんの十八番中の十八番みたいな噺なんです。やりにくくって、しょうがなかった。

師匠は腕を組んで、下を向いて聞いていた。で、終わると、ふっと頭を上げて「お前のはなしはおもしろくねえな」って言って、すっと立ち上がって床屋へ行っちゃった。あとを追いすがっていって「師匠！　どこがいけないんでしょうか」なんて言える雰囲気じゃない。全否定されたんですから。一刀のもとに斬り捨てられ、全身に電極をビリビリってやられた感じでした。師匠はそれほどの言葉を言ったとは、思ってないですよ。思ってない。そんなことを感じるような人じゃない。いや、あとになってみれば、そういう気持ちもわかります。ほんとにおもしろくなかったんでしょう（笑）。でも、考え込みましたよね。なにをもっておもしろいっていうんだろう、噺のおもしろさっていうのはなんだろう。おもしろいって一体どういうことなんだろう。笑うことか？　でも、人情噺もあるんだから、人の心を感動させることか？　それとも、日常のなんでもないことをなんでもないこととして表現することでも、人はおもしろいと思ったりするんだろうか、とか。

あの一言がすべての始まりです……と今思い至ると、涙が出てきますねえ。よくあのとき、小さんは私を言い表してくれた。こう言えばこいつは一人前になるぞ、なんて思ってないんですよ。そんな腹案、なんにもない。だからこそ、重たいですよね。

小さんは、おもしろさとはなにか、とかは言わない。考えてないんです。（六代目三遊亭）圓生師匠には、私は前座のうちから稽古をつけていただいていました。「あすこんところはねえ、煙管をこう構えて、ポンとたたいて、そこでふっと言う」っていうような、いろいろな方法論をやってくれたりしたはずです。そうやっておぼえたことは圓生師匠からもずいぶんありましたけど、圓生師匠は「お前さんのはなしはおもしろくないな」っていう言い方をしたことはない。

だから私は、同時代の両極端のスタイルの師匠、あるいは教え方に対する考え方の両極端と言ってもいい二人の師匠に首つっこんでたわけで、ほんとうにありがたかった。

圓生師匠から『蒟蒻《こんにゃく》問答』という噺を教わって、それを人形町の末廣という寄席で、あとの師匠がたが来ないんで仕方がなくやって、つなぎに入ったことがあるんです。で、ひょっと途中で楽屋を見た。そこは障子に縦に隙間をつくって、高座から楽屋が見えるようにしてあった。小さんと圓生と(八代目林家)正蔵の三人が、だまーって腕組んで聞いてるんですよ。これには困りましたねえ。

というのも、圓生師匠から教わったのがベースとしてはあるんです。旅僧が答礼をして、蒟蒻屋の和尚にお辞儀をするところがある。その形は圓生師匠の場合は、両腕を目の前に抱えておいて、おでこにいただくっていう答礼の仕方です。正蔵師匠は「あそこは、圓生さんはそうやってるかもしれないけど、ほんとうはこうやるんだ。永平寺へ行って見てごらん」って言って、手のひらを上にして高座の上に手を乗せて、ひじで前の方に上に乗せた手を押していく。そうすると頭は下がりますねえ。で、頭がぐーっと深くなったところで、両方の手のひらを持ち上げる形をしろと。永平寺へ行ってみろって言うんだから、そのほうがほんとなんじゃねえかなと思いました。

小さんは、答礼の仕方は正蔵師匠に近かった。だけど、また別のことを言うんです。せりふがあすこはそうじゃない、自分の師匠はこうやってた、とかいろいろ言う。三人が楽屋にいたときは、もうそれを言われたあとでしたから、頭がぐるぐるって、こんがらがっちゃった。どうやればいいんだ。おれはこの人の弟子だろう？　じゃあ、この人の言う通りやればいいのか。でも、教えてくれたのは、あの人じゃないか。でも、林家が言ってた永平寺へ行ってみろって、それもほんとじゃないか。困りました。高座でやりながら火ぃ吹きましたね。どうやったのか、おぼえてない。三人の師匠はくだらねえ世間話するような人たちじゃないから、こいつがこのごろちょっと評判のやつなんだなって、思いながら聞いていたのかしら。そういう聞き方ですよ。シーンとして耳澄ませてるんです。いやだなー（笑）。

終わったあとのことも、おぼえてない。三人が三人とも腹の探り合いしてるのかもしれないけど、私が三人からそれぞれ言われてるっていうのは知らないですから。おれはこうやったけど、あんたはこうやったろうっていう意地の張り合いみたいなものはないわけです。あれはちょっとおもしろい真剣勝負だったなあ。広くはないけど、空間のある天井の高い楽屋の中でうごめくっていうか、うずまくっていうか。効果音は私の『蒟蒻問答』だけっていう、いやな雰囲気（笑）。ぜいたくっていやあ、ぜいたく。今から思えばね。

私が前座で、「小たけ」だったとき、東宝演芸場で若手の「落語勉強会」という会をやっていたんですが、その演目を最近見ることがありました（清水一朗著『昭和の落語家群像』青蛙房）。

一九六〇年ですから、入門して一年です。『豆屋』『長短』『手紙無筆』『道灌』『三人旅』。へえー、こんなものやってたんですねえ。私の師匠は稽古つけませんから、師匠の噺ばかりとは限らない。でも、ずっと師匠の噺をやってますねえ。そして『富士詣り』、これはうちの師匠はやらなかった。『黄金の大黒』『巌流島』『蔵前駕籠』……。ネタの選びかた見てると、生意気です。初心者らしくない。分不相応だ。

「ＴＢＳ落語勉強会」と会の名前が変わってからは、『厄払い』『提灯屋』『出来心』『ろくろ首』

『真田小僧』『たらちめ』。そして六三年六月に小たけ改め、二ツ目の「さん治」になって、『禁酒番屋』『天災』。……生意気です。なんとかおなじ噺をおなじ会にかけないようにって意地張ってたんでしょう。それは対外的にでしょうか、自分自身にだったんでしょうか。まあ、もがいていたことは確かですね。

私は、前座から二ツ目になるとき、ネタの数が少ないのを恥ずかしいと思っていました。ネタが増えない。若いうちはネタ増やせ、ネタ増やせって、どこの師匠がたも言ってました。「お前、ネタいくつあるんだ」「これこれです」「おお、勉強してるな」とかっていう会話が、日常のやり取りでした。仲間うちでも、先輩とでもそうです。圓生師匠のお弟子さんだと、二ツ目になるときは百ぐらいは知ってたんじゃないですか。私は二ツ目になるとき、五十はおろか、三十いくかいかないかでした。

それには、私なりの考え方があったんです。ネタ増やした、ネタ増やしたって、同輩や先輩がたは言ってるけど、あんなんでネタって言えんのかよって思えた。生意気でしたからねえ。だけど、ネタが少ないってことについては、日ごろなにかと思い当たることもありました。だんだんいろいろな会に引っ張り出されるようになって、地方の公演なんかも増えてくる。すると、前に出た噺と重なるから、よけなければいけない噺とか、過去三年のあいだに出てるからNGとかいうと、もうなんにもなくなっちゃうわけです。

だから、どうしたかっていうと、なるべく人のやらないような噺からおぼえていった。たとえば『富士詣り』。これをやるやつはいなかった。三遊亭小圓朝という師匠がやってるといえば、やってましたけど。誰もやらないようなものをやれば、どこへ行ったって通用するでしょう？　過去何年っていったって誰もやってない。ほかの噺とぶつかるような噺でもないいんです。

ネタをおぼえるのは、ほんとに大変でした。私と同期生で、小さんのところに入門したほかの二人は、三日あればひとつの噺をおぼえられるって豪語してました。私はひと月たってもふた月たってもおぼえられない。おぼえるときも、稽古しないいんじゃない、練習してるんですけど、頭に入らない。先へ行かないいんです。これじゃあ違うな、こんな言い方ないなって。こういうときはこういう気分じゃなきゃダメだよなとか。ほんとに三歩進んで二歩下がっちゃう。水前寺清子の歌みたいになっちゃうんですよ。

そのころから、落語をせりふでおぼえる、言葉でおぼえるっていうより、了見でおぼえていく。

中の登場人物の気持ちになって、その人の発言としておぼえていく方法を取るようになった。それが結局は私の、小三治の基本の「き」なんじゃないんですか。

でも、これはとっても厄介なんです。忘れると全部忘れちゃう。言葉としてはなんにも残っていない。せりふや言葉としては思い出さないで、噺の「組み立て」として思い出す。せりふでも出てこないところはあります。でも、おぼえるときにはあれだけ苦労して、人より何倍もかかっておぼえるわけですから、なんとかそれはほじくり出せるんですけど。

中の登場人物の心持ちに、すっかり沿えないと、せりふは出てこないんです。むなしいせりふは言えない。性格ですかねえ。せりふではなくて、それぞれ出てくる人の気持ちにならないと、おぼえられない。その人とその人の関係、家族関係、いろんな関係がありますけど、そういうものがないと、おぼえられない。せりふがただなまおぼえになっちゃって、それは私としては言えない。だから、遅々として進まない。

仲間が三日後には全部すっとできるのを、ひと月もかかってまだできてないとか半分も行かないとかっていうと、自分自身にいやんなっちゃいますよ。愛想が尽きます。でも、しょうがねえから、また起き上がってムチくれてかけ出そうっていう、そのジレンマ。だから、いまだにこの商売向いてねえなと思う。商売としては向いてない。マニア？　趣味人？　趣味でめし食えてるんだったら、こんな幸せなことはないとは思います。まあ、四十代か五十代以降はそう思います。それにしても、噺を増やす、せりふをおぼえるってことは、私にとっては至難のわざでした。

『粗忽長屋』という噺は、私がやってるのを師匠が楽屋で聞いてたんでしょうかねえ。「お前は最初からおしまいまで、全部受けようとしてるな。違うぞ。あれじゃあ、お客が疲れちゃう」って言われました。そういうことが、師匠の私に対する教えだったんでしょうか。落語はひとつも教えてくれませんでしたけど。

でも、おれの芸は盗めって言ってくれた。だから、盗んでいいのかなと思ってやってました。前座のときに『うどんや』という噺を若手の勉強会でやったことがあります。その日のゲストがうちの師匠でしたが、そんなこと知らねえから、プログラムに出してたら、「これ、どこでおぼえたんだ」「師匠のを聞いておぼえました」「馬鹿野郎。こんなものを前座のときにおぼえるやつがあるかい」って言われた。だって、おれの芸盗めって言ったじゃねえかって思ったんですけど、そのとき、そうか、前座は前座としての噺、二ツ目は二ツ目としての噺、真打は真打の噺という格付けっていうか、自分の力に沿った噺をやらなきゃいけないんだなってことも、教わりました。

『粗忽長屋』をやってみると、最初からおしまいまで、お客さんに受けるための仕掛けが次々と出てくるんです。くやしいから全部受けようと思って、かなり完成させたんですけどね。そうしたら、師匠にビシッとやられた。噺ってものは最初ボソボソやってても、いちばん最後、ウワーって盛り上がっておしまいになるもんだ。お前の噺は最初から盛り上げ盛り上げしている。あれじゃあ、自分もくたびれ、客もくたびれちゃうじゃないか、と。だから、私はほんとに師匠の言う通りやっていたといってもいい。師匠はそのときどきで、なにかにつけ、気になったことを言ってくれてたみたいです。それを、私は高座で再現してきたっていうんでしょうか。

そうかと思うと、お前、おれの噺ばかりやってちゃあダメだぞって言われたこともあります。そのほうが、お前のためになるっていうこともあっただろうし、おれの得意ネタをやられたんじゃあ、おれがやるものがなくなっちゃうっていうこともあったかもしれない。それも、正しいと思います。

じゃあ、違う人の噺もやらなきゃなって思うようになった。それで、圓生師匠のところへ稽古をお願いに行くことになりました。圓生師匠の噺は、噺家になる前から大好きでした。語り口からなにから、すべていいと思いました。素人のとき、高校生だったんですけど、人形町の末廣に高校の落語研究会の先輩たちと行ったときの『牡丹灯籠』とか、そのほかなんでもですね。『百川《ももかわ》』だろうと、『夏の医者』だろうと、すべてこの人が正しいと思ってました。

前座のとき、師匠の小さんが自分の家の裏庭につくった剣道の道場で、お前たち三人で勉強会をやれって言われた。私と、亡くなった(六代目柳家)つば女と、亡くなった(入船亭)扇橋でした。それで、月に一回ずつやってたんでしょうか。終わると、師匠とお客様の合評会っていうか、今日やった三人の噺がどうだったとかって言ってくれたんです。そういうことが稽古になりました。

その日やった噺のあそこがどうだとか、師匠が言ってくれるようになりました。以前は言ってくれなかったんですけど。いろんなことを言われたから、あんまりおぼえていませんが、たとえば『睨み返し』という噺があります。借金取りが来るのを、「睨み返しをします」っていう商売の人に頼んで追い返す。頼まれたその人は、どうやって借金取りを追い返すかっていうと、ただ黙ってじーっと睨んでるっていうだけの噺です。その睨みかたが、じーっと睨んでるだけかなと思うと、いろいろそこで、ちょっと仕草があったりする。三人の借金取りに睨み返しをやるんですね。

私もやりました。もちろん、そのころには高座でやっていて、結構受けるもんですから得意になってやったんです。そしたら「お前、最初から受けようとしてるな」って、また始まっちゃった。最初から受けようとすることを、師匠はとてもいさめましたね。「そんなに思いっきり、自分ができるいろんな顔をするんじゃねえ。客が飽きちゃうじゃねえか」って。いくらおもしろくても、客を飽きさせちゃあいけないんだなということを教わりました。

全部受けようとしちゃあいけない。ちょっと受けたなと思ったら、次、ここは受けるはずだと思うところは受けさせないようにスーッと通り過ぎろとか、結構、技術的なことも言われましたね。それまでは全部受けさせてたんです。「お前のは受け過ぎだ。ただの漫談になっちゃう。どういう噺か、なぜこの噺がおもしろいのかっていう、いちばん肝心なことをお前は飛ばしてしまう」っていうようなことを、師匠は言ったんじゃないでしょうか。新しい噺をおぼえるたび、お客さんの前でやらしてもらうたびに、師匠の言ってることは諸所ほうぼうで効いてきました。

師匠の道場の会で、私が圓生師匠に習った『百川』という噺をやったことがあります。二ツ目のときでしょう。終わったあとの合評会で師匠が珍しく「お前の『百川』は、圓生さんよりおもしろいな」って言ったんです。それは内心びっくりしましたけど、ほんとにおもしろいらしいんですよ。

そのころからですかねえ、圓生師匠からはなれていくのは。

圓生師匠はこんなにすげえのかって思って、お願いしてお稽古をしてもらっていました。そのご恩は感じていますよ。私の基本をつくってくれたんです。天狗になっちゃあいけないと言われたときも、まったくそうだなと思いました。ただ、もうだいぶ時間がたったから言えますけど、うまいなと思うし、すごいなと思うところはあるんですが、心をゆさぶられない。『牡丹灯籠』やほかの人情噺を聞いても、その噺に心をゆさぶられたりはするけど、その奥にいる演者に心動かされるということはなかった。圓生師匠の演じるおかみさんは、長屋のおかみさんもご大家のおかみさんも変わんねえな、と思ってました。「おーい、ちょいと」「なんだい、お前さん」って言うときのおかみさんが、みんな、おんなじじゃねえかって。それがあまりにも完璧だったために、かえってそう感じたのかもしれません。最初にいいと思ったものはなんでもいいと思ってしまう、落とし穴だったかもしれない。そういう疑問あたりから、やっぱり自己ってものを持たなきゃダメだなって考えていくんでしょうか。

噺家になってこの世界に入ったときは、いつか文楽師匠のように完成された芸になりたいって思ってましたよ。文楽師匠は私の師匠の師匠ですし。でも、やってるうちに心の底から魂をゆさぶられるような芸になりたいって、まあ、私の欲が出たんでしょうか。
もちろん、ほかにも、(八代目)三笑亭可楽師匠は、決してうまいわけではないけどすごくおもしろいんです。なんでだろうと思うと、貧乏長屋の噺なら背景に貧乏長屋が出てくるし、殿様の噺なら殿様の景色が見えてくるからだってことを、だんだん考えるようになる。可楽師匠は好きですねえ。なにがってわからないけど、今聞いても好きです。『子別れ』にしても、『芝浜』にしても、私のたたき台は全部、可楽です。

東宝名人会っていう会は、なかなか出られるものじゃないんですけど、私が二ツ目のとき、なんでか声がかかって、十日間出ることになったんです。そのとき、可楽師匠が出てました。もう、うれしくって、うれしくってねえ。で、声をかけてもらったんです、楽屋で。「お前さん、いい調子だね。しっかりおやりよ」って言われた。「この時だな」って思って、「師匠! お稽古、お願いできますか。お願いします」って言いました。「ああ、今、からだの具合が悪いからねえ。また元気になったらね」って言ってくれました。こんなにうれしかったことはない。結局、それは現実にならないまま、あの世の人になっちゃったけど。でも、自分の大好きな人にそういう言われ方をしたのはうれしい思い出、自分の宝になりました。それからは、盆暮れのご挨拶にも行きました。あんな芸になりたいな、近づきたいなと思いながらも、結局、そうはならなかった。そんなやさしいもんじゃないねえ。

六、私の北海道

北海道稚内市宗谷岬にある「日本最北端の地」の碑の前で
＝2018 年 11 月

一九六三年の四月、私は二ツ目になりました。六月、「お祝いに北海道でも行ってきたら」って青年座という劇団の女優・初井言榮さんに声をかけてもらって、旭川に行きました。そういう親切がなかったら、まさか、こんなに北海道とつながりができるとは思わなかったですよ。

初井さんのご亭主が旭川の出身で、遠藤啄郎《たくお》さんっていう演出家でした。そのお父さんが北海道で建設会社をやっていた。その人が、建設中の道路の先端の工事現場へ行って、そこで落語を一席やるっていう仕事をつくってくれました。なんとも不思議な経験でした。

私と、小さんの家の同期の三人が、二ツ目になったお祝いっていうんで行ったんです。のちに六代目の「つば女」になりましたけど、そのころは「小助」っていってた男と、もう一人はそのころ「栗之助」っていってたんですけど、のちに小さんの家をやめて函館に流れてって、東家夢助《あずまやゆめすけ》っていう名前で落語活動をすることになる男です。

工事現場のほかでも落語会をやろうっていうアイディアは、旭川の青年の集いのような人たちが考えたのかもしれません。新聞記者や学校の先生や郵便局の局員もいたし、電通につとめている人もいました。いちばん上でも私たちより十歳ぐらい上の若い人たちの集いがあって、ひと肌脱いでくれたんでしょう。

建設会社の遠藤さんのところは、三兄弟です。長男が啄郎さん、次男はあつしさん。三男が享《すすむ》さんで、相当なデザイナーです。その同級生だか仲間だかで、丹野信吾っていう人が旭川の集いにいたんですよ。この人が、私にとって「忘れえぬ人々」のいちばん大物中の大物でしょうねえ。北海道に私を結びつけたのは、この人です。丹野さんは電通につとめていながら、絵描きでもありました。

その丹野さんが、われわれ噺家三人を、先に立って面倒みてくれた。ほんとうに海のものとも山のものともつかない、きのう監獄から出てきたばっかりの年季を終えた罪人みたいな三人を、家に泊めてくださいました。団地で三部屋しかなくて、子どもも一人いるんですけど、そういうことを意に介さず、「いいよ、いいよ、泊まんなよ」って言ってくれる人だった。

丹野さんが旭川の電通にいたのは私と知り合ってから一年ぐらいで、すぐ札幌へ異動になりました。のちに重役になったんですけど、旭川にいたときは一社員です。でも、自分で絵を描いていたんで、噺家三人の面倒みるとか、ただの月給取りではないスケールの大きさがあったのかなあ。画家っていったって、「前衛」っていわれるような独特の絵で、私はその絵に共感するところはひとつもなかった。なんで、こんな絵を描いてるんだろうと思ってました。

でも、話し出して、人間にとってなにがいちばん大事かみたいなことになると、ほんとにそうだよなあーって共感するところがありました。で、結局、最後は笑い話になるんですけど。すごく気が合いました。彼の家や寿司屋で会って、話すのが大好きでした。彼は酒飲みでしたけど、私は酒飲まない。彼は飲んでつぶれるようなことはなくて、明るくって快活なやつです。あいつがいるから、おれにとって北海道は大事だよなあ、って思えるぐらいのものがありました。

北海道の、旭川や岩見沢や小樽でも、行くときはだいたい札幌を経由しますね。そのたんびに「丹野に会う日」っていうのをとっといて、一緒にめし食ったりする。それで話をするのが、楽しくてねえ。落語の話をすることもあります。でも、とくにマニアっていうわけでもない。結局、彼に出会ったことから「小三治といえば北海道、北海道といえば小三治」って、一部の人からかもしれないけど、言われるようになりました。

彼は電通の中で、だんだんポジションも上がっていったんでしょう。出世のためにあらゆる手を講じるっていうようなことはなくて、人間的にはとても淡泊な人でした。そのうち、「私の部下でもって、こういう仕事してるのがいるんだけど、いやかもしれないけど、ちょっと話聞いてやってくれない？」みたいなことを言われました。

財政が悪くなる前の炭鉱の町・夕張。「テレビコマーシャルをつくるんだけど、手伝ってくれないか」って言うんで、「バーリバリ、夕張」っていうコピーで、四、五本つくりましたか。メインキャストは私で、「オートバイ編」っていうのもあったし、夕張の石炭博物館かなんかを見に行くCMでは、うちの家族が全員出たこともありました。「スキー編」は、私が上からスキーでずーっと滑ってきて、カメラの前で止まってニッコリ笑い、そこへ「バーリバリ、夕張」っていうテーマ曲が流れるものでした。

そんなことをやってるうちに、また丹野さんから「別の部下なんだけど、帯広に六花亭っていうお菓子屋さんがあって」「六花亭、聞いたことありますよ。ホワイトチョコレートでしょう？」「そうそう。落語会をやりたいっていう話があるんで、話聞いてやってくれませんか？」って。そうやって六花亭とも、親交ができました。いつもそういう感じでしたね。話聞いてやってくれないか、いやだったらいやでいいんだから、って押しつけない。私も最初っから、ほかの人じゃない、あんたが言うなら話を聞くよってちゃんとウェルカムっていう感じで聞きました。丹野じゃなければ、なかなかそっちへ気が向かない。忙しいですから。……なにに忙しいんだか（笑）。

それは、やっぱり丹野がよかったからですよ。旅をしてそこがよかったたっていうのは、風景がいいとか食い物がうまかったたっていうより、そこで出会った人たちとどんな営みがあったか。それがいちばん大きいんじゃないですか。いくら風光明媚でも、そのときは、わあー、すごいって思ったってそれっきりです。どんな人と出会ったか。その出会いが今の暮らしにどんなつながりを持ってるのか。それが大きいと、忘れられない。そういう点では、私にとっては北海道が「第二のふるさと」と言ってもいいでしょう。

あのころ、丹野さんに「大変でしょう？ 噺家を三人も家に置いといたら」って聞いたら、「いやあ、そんなことないですよ。ほんとにうれしくてやってるんだから」って言ってました。だけど、晩年になって、また聞いてみた。「あんときは大変だったろう？ 今考えると、おれたち噺家三人が新婚気分のところへ転がり込んできて、めしは食わせるわ、布団は敷かせるわじゃあ、いくら銭があっても、たまんなかっただろう？」って。そしたら、「いやあ、今だから言うけど、あれはちょっとおもしろかった」「なにがおもしろかった？」「あのころは、ボーナスもらうでしょう、もらったのが全部、皆さんに消えていきました」。当時は決して言わない。それは、おもしろかったって言うんじゃねえんじゃねえかって思うけど、そう言えるっていうところがほっとするよねえ。私と価値観が似てる。私が憧れたいような人でした。

藤沢周平の小説を朗読してCDにしたことがあるんですけど、それを丹野さんに見せたら、すげえ喜んだ（『驟り雨／朝焼け』新潮社）。「藤沢周平のファンなんですよ」「そうなの？　おれは、CDにする仕事で初めて出会った作家で、それ以前は知らなかったんだ」って言ったら、「こういう小説があります。こんな小説もあります」って教えてくれた。それを書きとめて帰って、本を読んだりした。あいつのおかげで買った本が何冊もあります。

こっちも忙しくなって、そうそう細かく連絡もできなくなってきたんですが、私より六、七歳上でしたか、結構、早くに亡くなったんです（二〇〇六年）。あるとき、「丹野が亡くなりました」っていう留守電があった。その知らせをしてきたのは、姪御さんでした。アナウンサーで、一度会ったこともあって、名刺をもらってました。でも、あると思った名刺がどうしても見つからない。そのあと、連絡が取れなくなっちゃったんです。せめて墓参りをしたいと思って、何度か丹野の家に行きました。家はある。そのうちに、毎年暮れに送っていた落語協会のカレンダーが戻ってくるようになった。電話しても、誰も出ない。また、家を見に行きました。そしたら、丹野の表札はもうなくなっていた。それから、どうやっても居所がわからない。

丹野探しの旅は、なにか自分の北海道を探しに行くような、私の心にとっては大きなものでした。初めて旭川へ着いたときの、あの駅の風景や川の流れや、そんなものが全部よみがえってきて。丹野にめぐり合えないから、なおさらなんですけど。

そして、もうあきらめかけていたおととし(二〇一七年)。うちのマネージャー(倉田美紀)がちょっと手がかりがありましたって言う。当時、仲間だった画家が小樽にいるとわかって電話をした。「丹野さん知ってますか?」「知ってますよ」っていうところから、いろんなことがわかってきました。

そのかたわら、テレビ北海道で番組(「人間国宝　柳家小三治　噺家人生悪くねえ」。二〇一九年三月二十一日放映。DVDも)をつくっているときに、丹野さんの姪御さんを探しましょうってほうぼうへお触れが出たらしい。そしたら、「私は丹野の姪です」っていう人から手紙が来た。もう地獄で仏に会ったようなものでした。うれしかったねえ。お墓の写真を見せてもらって、丹野や奥さんはいつ亡くなったっていうことも、そのとき初めて知った。やっと積年の胸のつかえが下りたっていうんでしょうか。

姪御さんから、丹野のシャイなところとか強情なところとか、そういうのを聞くたんびに「そうだろ、あいつはそういうやつなんだよ」って、まるで会ってるみたいな感じがしました。のちに、十年間もオートバイで北海道をぐるぐるまわったのも、もちろん彼との出会いがあったからです。そのネットワークがあったから、そのすみずみを訪ねていって、そこからまたネットができてくるわけですから。

私が真打になったときだったかな、くれた絵があるんです。私の部屋に、飾るともなく飾ってる。その上にカバンをかけたり、いろいろひどい仕打ちをしてるけど、また、ちゃんと取り出しました。あいつの抽象画は宇宙の設計図みたいな感じで、ほんとにわからない。でも、なんかの美術展に入賞したとか、そんなことで仲良くなったわけじゃないですから。そこがいいんです。

一九八二年九月に開局したＦＭ北海道では、その月から「小三治のＦＭ高座」っていう番組のディスクジョッキーをやりました。それより前に、七三年から、東海ラジオで深夜放送(「ミッドナイト東海」)をやっていました。その番組のディレクターが嵯峨道夫っていうやつです。結構、意気投合しました。彼はジャズが好きで、私はクラシックでしたけど、だんだんジャズも好きになっていきました。

東海ラジオは一年半ぐらいやりましたが、そのあとで、彼が「私は、北海道の北見の生まれです。今度、FM北海道っていうのができます。そこで今、局員を一般公募してます。くにへ帰って、ローカルのFM局のディレクターになりたいんです」って言う。

入社試験のときに「君はどんなことをやりたいんだ」って聞かれて、「私がディレクターとして入ったら、ディスクジョッキーの番組をやりたい」「どんな?」「柳家小三治っていう人で」「柳家小三治? こんなとこまで来るわけねえだろ」って、局の人は言ったらしい。「「でも、受かったら、おれは行ってやるっていう約束はできてる」って言っちゃったんだけど、よかったでしょうか(笑)」って言うから、いいよいいよ、って。

二千人ぐらい受けて三人ぐらいしか入らない。そんなところに入るわけねえって思ったんですけど、受かっちゃった。一応、プロで実績があるから、編集なんかもできるんですね。で、結局、私もFM北海道で番組をやることになりました。基本的にはジャズとクラシックに、私の好きな歌謡曲とか、いろんなものをかける番組にしたい、と。新曲も旧曲もあって、自分の家へお客さんをよんで音楽を聞いてもらうなら、こういう曲でもてなしたいっていうような曲をかけたいって私は言いました。それはいいって話はまとまりました。

で、スポンサーをどうしようかっていうことになります。私が、六花亭に単独のスポンサーになってくれないかって持ちかけた。そしたら、当時の社長がわかりました、うちでやりましょうと。FM北海道にその話を持っていったら、大喜びですよ。それで、番組が始まったわけです。

そのころ、私はスキーをおぼえて、絶好調の道楽でした。スキー用の道具を一切合切、FM北海道の倉庫に置いてもらっていました。スキーをやる楽しみもあって北海道へ行ってましたけど、毎回、生放送は大変なので、半分は東京、半分は札幌の生放送っていう形をとりました。願ったり叶ったりで、とても愉快にやっていましたね。

土曜日の夕方六時から六時五十五分の放送でしたか。私のことですから、若いタレントがやってるのとは違って、ワーとかキャーとかではなかったけど、根強いファンが徐々に増えてきてやってたはずです。どのくらい続いたでしょう。八七年三月まで続いたんですか、それはありがたかった。六花亭も、ずっとスポンサードしてくれてましたよ。

このように縁が出来たのも、もとはといえば丹野ですねえ。つまり丹野がいなければ、そういうこともなかった。気が合うっていうのは、ああいうことをいうのかなあ。親しい友だちと書いて、親友っていいますよね。心の友だちと書いて、「心友」ともいいますね。心友は、丹野だけでしょう。心から魂を広げて、肩をたたき合うっていうようなねえ。

あとでまたお話ししますけど(「十、生き方を変えたバイク」)、一九八二年から毎年、北海道をバイクでまわって落語会をやっていたとき、こんなこともありました。

『文七元結』という噺をネタ下ろししたのは、一九九〇年八月三十一日の鈴本演芸場です。入船亭扇橋、桂文朝と一緒にやっていた「三人ばなしの会」で、その年、北海道へ出かける前でした。それを聞いていた京須偕充《きょうすともみつ》さん(レコーディング・プロデューサー)が、独演会でもやってくださいという長い手紙をくれました。九月に私が北海道を旅していたとき届いたので、カミサンに電話口で読み上げてもらいました。十月のはじめ、私は京須さんにハガキを出しているそうです。

「北海道で十三日間、文七を連日続けて演りました。あゝでもないこうでもないと、毎日思いついたり考え直したりあきらめたりしながら、少しずつ違うアプローチをした十三日間でした。もっとも、おしまいの四日は飽きてしまって砂を嚙むような高座でしたが、そういう中から何かは摑むかなと歯を食いしばってやった甲斐もなく討死でした。

そう思いついたのも自分でも意外なのですが、十月三十一日に文七を出します。

小三治」

（京須偕充著『芝居と寄席と』青蛙房）

十月三十一日は鈴本の独演会です。「討死でした。ですから、やめます」って言うのかと思ったら、こういうところでなんか意地を張るんです。バカですねえ。

京須さんは、なにかにつけ、『文七』の佐野槌のおかみさんがいいですねと言っていました。それはよく見抜いてくれたと思うんです。左官の長兵衛でも文七でもなく、おかみさん。一九八三年九月の下北沢・本多劇場の『子別れ』の通しから、鈴本の独演会、そして有楽町朝日ホールの朝日名人会まで、京須さんはずっと私の高座を録音してＣＤをつくってくれています。

北海道では、そんな一幕もありました。

七、真打昇進

十代目柳家小三治・真打昇進襲名披露口上. 左は五代目柳家小さん, 右は六代目三遊亭圓生＝1969 年 9 月, 上野の鈴本演芸場で. 写真提供：朝日新聞社

噺家が二ツ目になると、手ぬぐいをお礼としてつくります。みんなに配って、またご祝儀をいただいたりする、そういう品物です。

私が二ツ目になったとき、三遊亭圓弥さんか林家木久蔵(現・木久扇)さんかはっきりおぼえてないんですけど、のちに私のカミサンになる人を紹介されて、手ぬぐいを染める柄を考えてもらうことになりました。圓弥さんとカミサンとは、踊りのきょうだい弟子だったんです。

それで、私が惚れられたんでしょう、たぶん。まあ、惚れる惚れないは若いときの気の迷いですから、しょうがないでしょう。私の印象は変わった子だなあ、おもしろい子だなあっていうものでした。初恋の人は、二十一歳のときにお嫁に行ってしまいました。ほんとに好きだった人がいなくなっても、すぐ忘れられるわけじゃないですから、カミサンとだんだん近い仲になって、私にはほんとに好きな人がいるっていう話もしました。

私は女に迫られたことがないから、びっくりしちゃったのかもわからないね。よくおぼえてない。あとはカミサンの本、読んでください。あの本(郡山和世著『噺家カミサン繁盛記』講談社文庫)、私はいまだに読んでないよ。

新宿の天ぷら屋「天春」で、二人で天丼を食ったんでしたかねえ。私とすれば最上のご馳走だったでしょう。それで、どうしたんですか。飲みに行ったんですか。ああ、友だちでいましょうって私が言ったら、いやだって言ったんでしたっけ？　だんだん思い出してきました。別に思い出さなくってもいいけど、思い出しましたね。ちゃんと素直に言ったんですよ、私も。

あの人はちょっと飲むほうなんで、酒を飲みに行ったんでしょう。で、やたら飲んで、トイレから出てこなくなったりして、トイレで吐いてたのを迎えにいって、抱えて家まで送っていった。歩きながら、やっかいなやつだなと思いました。きっと、こんなになっちゃいましたって、むこうの両親に見せたかもしれないねえ。そしたら、その日からじゃないけど、その家に私が寝泊まりすることになっちゃった。で、子どももすぐ産まれることになった。子どもは、ありがたいことに育ってくれましたよ。カミサンのおっかさんの働きが大きいですね。

結婚式は私の実家で、師匠夫妻に来ていただいて挙げました。小さんに結婚の報告をしたときは、まあ、うれしそうな顔してたんじゃないですか。そうかっていうんで。一緒になるって言うものしょうがねえよね。喜んで実家にも来てくれて、「高砂や」こそ歌わないけど、仲人の場所にいて。

一応めでたく私のうちに嫁入りをしたっていうことになったわけです。もう忘れちゃいました。

フジテレビの昼の生放送で、タモリが番組をやってましたよねえ。そのずっと昔、五十年ほど前にマエタケ（前田武彦）が司会をしていた「お昼のゴールデンショー」っていう番組がありました（一九六八年四月放送開始、月～金曜正午から）。金曜が大喜利で、私も出演してました。自分で言うのは変ですけど、私はいちばんの人気者だったといいましょうか。それをおぼえている人はみんな死んじゃったから（笑）。キャーキャー、女の子がうるさかった。番組が始まると、私の名前を声そろえて呼んだり、カッパの人形をくれたりして、「これが、おれ？」なんて言うと、「そう、似てるんですっ」なんて言われて、会場中笑いこけたりね。

どうして人気が出たかっていうと、私は大喜利がとても下手なんです。頓智・頓才もないんです、ほんとうに。それで、仕方がなくてトンチンカンなことばかり言ってたんです。知恵でもなんでもないのに。それがかえっておもしろがられて、まあ全国的にあの番組で名前を知られたと言ってもいい。「笑点」みたいなもんだったんでしょうか。

ほかのテレビ番組に出ませんかっていう話もたくさんありました。でも、それをやってると忙しくなっちゃう。落語の邪魔になることはしたくないって思ってたけど、結構有名になっちゃったんで全部断るわけにもいかない。落語の助けになるなら、あるいは自分の知らない世界のことを知らせてくれるものだったらやってみようとか、そういう興味があってやってましたよ。よくなかったね。

そのころ、二十九歳の二ツ目で、静岡の沼津へ自分の独演会に行きました。私はボウリングに凝っていて、沼津でも一人でやっていた。そこへ、十七、八歳くらいの女の子がつかつかとやってきて、「ちゃんと落語やってください。お願いです。テレビに出てガチャガチャしたことをやってほしくないんです」って言う。もうグサリと来ました。自分でもそう思ってるんだもの。こんなことやってちゃ、しょうがねえよなあって。

そのうちに、自分の実力ではなくて、真打の話が出てくるでしょう。このことはもう言ってもいいでしょうけど、圓生師匠が落語協会の会長のときに「今度、うちの吉窓(三遊亭圓窓)を真打に抜擢します。ついてはその次に、小さんさんのとこのさん治(私)とさん八(扇橋)を真打にします」って言いました。やっぱり自分の弟子がかわいいんです。圓窓だけ真打にすりゃあいい、おれを入れないでもらいたかったね。でも、人数の上では今をときめく盛ちゃん(小林盛夫＝柳家小さん)の弟子はいっぱいいますから。まあ少しはヨイショしなきゃっていうこともあったんでしょう。

それで、真打になって小三治という名前になったんですけど、圓窓を引っ張り上げる、圓生師匠のあの強引さがなければ、私は真打になってないですから。私の師匠、小さんは自分の弟子を引き上げることは絶対しないって言ってました。まわりからすすめられてすすめられて、声が高まってくれれば、よろしくお願いしますって言うけども、自分の弟子をこれを真打にしますなんてことは絶対言わない。

私は生涯、前座でいいと思っていました。あの前座は真打よりおもしれえな、っていう前座になりてえなと思った。それにはどうすればいいか。人に教わった通りやってればいいっていうんじゃなくて、なんかあるはずだと思ってやってきました。

で、その沼津の女の子に「ちゃんと落語をやってください」って言われたとき、「どうもありがとう」と言ったものの、呆然としちゃった。しばらくして、再び通りかかった彼女が「あたし、なにに見えます?」って言う。秋吉久美子より大原麗子に近かったかな。ちょっと庶民的な、鼻っ柱の強そうな。「あたし、芸者なんです」って。なんかちょっと研ぎ澄まされているような、そうじゃないとあんなこと言うわけないっていう印象もありますけど。恥ずかしそうに、でもはっきりと自信を持って言ってましたね。終始にこにこしながら。

「あんなことしてもらいたくない」って、じゃあそれ以外のおれをどこで見たんだ、って思いました。その日の独演会を彼女は見に来なかったんですが、会場に新茶の大きな缶が届いて、のし紙に「笑子」って書いてありました。会場の係の人が「笑子《えみこ》さんからです」って教えてくれました。

私の真打披露があったのは、それから間もなくの一九六九年九月です。

彼女の言葉は、だんだん私の中で膨らんでいきました。見てる人はいるんだな、お天道さまは裏切っちゃあいけねえ、みたいにね。その後、沼津へ独演会で行くたび、笑子の話をマクラに振りました。いつか座敷に呼んでお礼を言うのが夢でした。でも、どうなったかずっとわからなかった。十年以上たって、彼女が事故で亡くなっていたと知ります。

彼女の育ての親というか、姉さんという人にもたどり着きました。その人がやっている、二人か三人泊めればいっぱいの旅館に、一晩泊めてもらいました。あくる朝、宿賃を出そうとしたら「こんなものもらったら、あの子に怒られますよ」って。つらいねえ。

私の『鰻の幇間』という噺に笑子が出てくるのは、それがあってのことですね。どっか自分の中で偲んでいたいなと。ほんとうに、実に奇妙なことに出くわしたもんです。振り返ってありがとうっていう人は何人かいますけど。あの子の存在は大きい。

入船亭扇橋、桂文朝とやった「三人ばなしの会」は、一九七五年四月に始まりました。第一回は、扇橋『紺田屋』、文朝『井戸の茶碗』、小三治『居残り佐平次』でした。一九九七年八月まで続いたこの会でネタおろしをせずに、世間へ発表した噺はないんじゃないですか。はじめは、ふた月にいっぺんやっていました。おぼえるのに当日までしゃかりきになってましたね。ほかの二人はそんなにかからないでしょうけど、私は目一杯その日まで使って、ヨタヨタになってゴールへ飛び込むんです。

でも、おぼえたって、それが完成形じゃなくてスタートですから。しょっちゅうあのほうがいいかな、このほうがいいかなってやってみる。すると、また違う。小説家でいえば、原稿用紙を破いちゃあ捨てっていうことだったでしょう。だけど、なかなかおぼえられないネタをおぼえたわけですから、原稿用紙を反故にして捨てるようなわけにはいかない。ちょっとたったら、もういっぺんやってみる。そのかたわら、新しい噺もおぼえなきゃいけない。おぼえの悪い私にとっては、ただただ茨の道に正座させられているようなものでした。偽りのないところ、そうでしたね。

真打になってからだいぶたって、もう四十代のころ。それまでも「あなたはどうして廓の噺をやらないのか」って、ずいぶん聞かれました。共感しないからですって答えてましたけど、興味はあったんです。

あるとき、浅草の芝居小屋で「結髪」をやっていた平岩正治さんという人が、「あなたの『五人回し』を聞いていたら、私が若いころ通ってた吉原を思い出す」って言うんですよ。思い出されちゃ困るんだ。おれ、行ったことないんだから。でも、そんな匂いがあったんでしょうか。

その人とお近づきになってから、吉原はこんなところでしたっていう話をいろいろ聞かせてもらいました。吉原ばかりじゃない、洲崎や亀戸、玉ノ井とかね。そのおかげで吉原の噺や女郎買いの噺をやれるようになりました。

最初にやろうとしたのは、文楽師匠がやっていた『明烏《あけがらす》』という噺。これをひとつの自分の教科書としてやろうと思った。だけど、全然行ったこともないんで、私の兄弟弟子の（柳亭）小燕枝と（柳家）小里んっていうのに頼みました。『明烏』っていうのは、堅くてしかたがないせがれがいて、そのおとっつあんが扱いかねて、町内のどうしようもない二人、源兵衛と太助に頼む。この二人がせがれを吉原へ連れていって、ここはお稲荷さんですとか、お巫女さんの家ですとかなんとか言って連れ込んでいく、そのドタバタがおもしろい。

その源兵衛と太助の役を、小燕枝と小里んにやってくれって言いました。で、吉原に行く前には「中継ぎ」っていう、ちょっとした小料理屋に寄っていく。そこで一杯やるんだけど、「私はお酒を飲みません、なんてかたいこと言っちゃいけませんよ。どうしても飲めないと思ったら、飲んだふりして、捨ててしまいなさい」と、おとっつあんに言われて、せがれは酒も飲んだことないんだけど、言われた通りにして行くわけです。そういうことも全部、小燕枝と小里んにやらせてね。そのころは、もうほんとうの吉原はありませんよ。あの二人はくわしかったですから、中継ぎにふさわしいちょっとしたおかみのいる小料理屋に連れていってくれて見せてもらっといて、ほんとによかった。今はもうなくなっちゃいました。それで、『明烏』をやりました。そうやって、みんなに支えられてやってきたんですねえ。

八、うまくやってどうする?

雑誌『週刊 FM』で 64 回続いた連載対談から，9 回分をまとめた『小三治　楽語対談』(音楽之友社，1976 年 11 月刊)

最初に聞いたクラシックは、スッペ作曲の『軽騎兵』序曲でした。小学校三年生のころ、手回しの蓄音機ですね。僕は軍国少年でしたから、進軍ラッパとか、空気を裂いて前へ進むようなものが好きでした。自分でステレオを手に入れたとき、初めて買ったレコードも『軽騎兵』序曲です。

でも、クラシックが好きだと思うようになるまでにはずいぶん時間がかかりました。まずはベートーベンの『運命』とシューベルトの『未完成』でしたかねえ。名曲喫茶なんかへ行くと、『未完成』って知ったかぶりをしてました。そういうのが何年も続いたんじゃないんですか。中学、高校、浪人と。

自分のうちでレコードを聞くようになったのは、噺家になる前の年です。浪人中に「もう大学行くのはやめた」ってケツをまくって、試験受けるのをやめました。「東大以外は大学とは言えねえ」っていう教育者のもとに生まれた子でしたから、「あんなやつの言うこと、聞いてられるかい」って。そのときに妹が国立音大っていうところに入ったんで、親を説得した。音楽大学に入っても、レコードを聞く装置がなきゃあ音楽教育にはならない。自分のためとは言わない。妹のためにと説得した。親も娘が音楽学校へ入って一人前になるんだって、心が燃えてたときですから、ステレオを買うことになった。

秋葉原で買う前には、いろんな本を読んで下調べをしました。セットものがいいのか、コンポーネントっていうバラバラのものがいいのか。結局はコンポーネントにしようって思ったところから、まあ、間違いの道に入っていったわけですね。

妹は、とくにああだこうだっていうことはなくて、「まあ、そうよね」とか言っていた。徹底的に主張したのは私ですね。で、うちにステレオが来て鳴り出した途端、もう妹にも触らせなかった(笑)。「そういうことするんじゃない」みたいなこと言って。

私のうちの、道ひとつはさんだ向かいのお屋敷に、材木会社の社長をしてた人が住んでました。その人がクラシック好きでした。私も妹も、その人の子どもたちと遊び友だちでした。しょっちゅう行ってますから、しょっちゅうクラシックが聞こえる。『運命』『未完成』と来て、ドボルザークの『新世界より』とか聞くうちに、いちばん素晴らしいのはベートーベンの『第九』だって、そのおじさんに教わったんじゃないでしょうか。

噺家になったあと、『第九』を聞かされたんですけど、長くって退屈でおもしろくもなんともなかったですね。でも、そのおじさんが年末になると必ず聞いてる。年末じゃなくても聞いてる。あんなにいいって言ってる。どこがいいんだ、と思いました。でも、ほかの人がおもしろいと思ってるものを、私がおもしろいって思えないのはくやしいと思ったんですね。内緒で、そっと買って聞いてみようと。そのころ、フルトベングラーが指揮したLPは二枚組でした。あと、シャルル・ミュンシュっていう指揮者のボストン・シンフォニーのものと、スイス・ロマンド管弦楽団を振ったアンセルメのもの。その二人のは一枚で買えた。

アンセルメかミュンシュか、迷いました。アンセルメのほうが景色がよく見えるから上だと思ってたんですが、ミュンシュを選んだのが私の天才ですね(笑)。簡単にその世界に入れるものが必ずしもいいもんじゃないとも思い始めた。落語とクラシックと二股かけながらね。そのころは「クラシック日記」っていうのをつけてたし、「落語日記」もつけてました。クラシックは純粋に自分の楽しみとして、心おぼえとして、今日はベートーベンの『運命』を聞いた、三十五分だったとかね。落語のほうは本業だから、これでやってかなきゃあって切実でした。

で、ミュンシュです。これが意地っ張りの私にとっては味方になった。みんながいいと思うものが必ずしもいいもんじゃねえぞっていう、反骨の精神でしょうか。その後、だんだん自分なりに聞く耳も持ってきたはずなのに、ミュンシュの個性の素晴らしさはフルトベングラーよりいいなって感じたりする。ミュンシュは、王道から見ると好き勝手でわがままです。フルトベングラーのほうが奥が深くて、懐も大きいって言われてました。ミュンシュは、おれはこれが好きなんだっていう方向にバカじゃねえのって思うくらい、えいって飛び込んでいく。とうとう、いまだにミュンシュがいちばんです。

まあ、私の意地っ張りなところですね。音楽ばかりじゃない、演芸でもなんでも、自分でこうと思うものにまっしぐらに進んでいくことが素晴らしいって、思い続けてます。ただし、自分が素晴らしいって思い、人にも言えるためには、自分をそれだけ高めておかないとただのわがまま勝手になっちゃう。自分を高めるにはどうすればいいかっていうと、自分を肯定しない。私の偏屈って言われるところは、そこから出ています。ちょっとした身の過ちから(笑)、そうなってしまった。そうすると、王道と言われる人たちの良さがますますよくわかる。王道の良さがわからないと反骨の良さを認めることはできないですね。

私がクラシックに凝っていたころ、『レコード芸術』とか『音楽の友』とか『ステレオ芸術』とか、そういう雑誌にものを書いたり、顔を出したりしてました。カラヤンに文句をつける人は誰もいなかった。絶対的でした。私もそう思ってましたよ。雑誌や世間の評判がインプットされていくわけです。それがどこからかほころびていって、必ずしもそうじゃねえぞってだんだんわかってくる。

クラシックの世界でそういうことがわかってくると、自分が志している噺の世界でも絶対的な名人というのはいないんじゃないかなって感じてくる。そう思うまでには相当いろんな試練があります。なんの世界でもそうだと思う。誰かのやってること、言ってることが全部正しいと思ってたのが、いつの間にかそうじゃないんじゃないか、と考える自分がいてもいいってことかな。

千年も万年も言われてきたことでも、自分が見てすごいなと思うことがあったら、それは私にとってはいちばんすごいことです。その感動は、あとで否定することがあるとしても、揺るがない。どのジャンルの芸術家であれ、作家であれ、絶対的な人なんかいない。そのときそう感じていること、それがいちばん偉大なことじゃないか。それが人を動かし、世の中を動かすんじゃないかって思います。

三十五歳のときから、音楽之友社の『週刊ＦＭ』っていう雑誌で二年ほど対談のシリーズをやりました。当時の記事を久しぶりに見たら、武満徹さんとの対談で「小三治さんがクラシック聴いたり、独演会でじかに客と交流したりするのは、どういう気持ちからですか」って質問をされていました。私は「クラシック音楽を聴きはじめたのは、ぼくもクラシックなものをやっていくうえで古典の崩しかた、継承のありかたをまさぐることと共通した興味からですけど……」って答えてる。

（記事を読みながら）こんな話してたんですか（笑）。いやあ、私も実はそこで壁にぶち当たってたんですね。ぶち当たって戸惑って。ただ先人たちがやっているものをそのままやっていけばいいっていうもんじゃないっていうことを、強く感じ始めていたんじゃないのかなあ。武満さんに正面から聞かれてしまって、身動き取れなくなっちゃった。ほんとのこと言うしかねえと思った。

対談のリストを見たら、全部で六十四回。その中の一人、森山良子さんのとき、対談する前に編集者から「どうしてあんなに歌をうまく歌っちゃうんですか」って聞いてくれって言われたんです。当時はその意味が私にはわかんなかった。今はよくわかります。いや、もっと前からわかってましたけど。

あのときは、どうして歌をうまく歌っちゃいけないんだろうって、私が聞きたいぐらいでした。

私はその編集者をとても信用してましたから。その後、いろんな人に出会って、その疑問はくり返しくり返し、自分の中へ出てきました。それとともに自分の芸にも出てきますよね。

その編集者は、上田美佐子さんっていう人です。今は両国のシアターX《カイ》っていう劇場の芸術監督をやってるそうです。よく、私に「なぜうまく歌うんですか」っていう質問をさせてくれた。私はその意味がわかんなかった。その後、だんだんわかるようになってきた。歌はうまく歌っちゃいけない。感じた通り素直に歌えばいいんだ、ってことがわかってくる。歌ばかりじゃない。文筆であれ、絵であれ、みんなそうだよ。役者なんかとくにそう。うまく演じようとした人に感心したことは一度もない。それをはぎ取ってくんねえかと思う。その奥に素晴らしいものがあるのにねえ。

うまくやろうとしないこと。それが、難しい。とても難しい。じゃあ、下手なまんまでいいのかっていうと、そうじゃないんだよねえ(笑)。心を理解しなきゃ、人の心を理解しなきゃ。人が生きるっていうのはどういうことか。それをどうやって理解していくかっていうと、音楽を聞き、絵を見、小説を読み、人の話を聞き、芝居を見、もちろん映画も見て。つまり、自分以外のものから発見していく。なにを発見していくかっていうと、自分を発見していくんですね。そういう鏡に照らし合わせて、ええっ、おれってこんななの？ って。その映す鏡は他人じゃない。自分の中にある自分の鏡だ。難しいよ。いつかそういう鏡を持てる自分になれるだろうか。いや、なれるわけない。そんな毎日ですから、これでいいんじゃないかって思える日が来たら、どんなに幸せかと思ったりします。でも、こんな考え方で生きてる以上はならないね。私の心に平和は来ない。いいんです。平和じゃなくて。平和が嫌いで、大学蹴ったんですから。

その後、その「なぜうまく歌うのか」っていう言葉を金科玉条として、なにかにつけ「うますぎるよ」って思うようになりました。うまいのはわかる。それしか出来ない人は、それでもいい。もっとうまく歌えっていう人もいます(笑)。カラヤンには「本音で歌えよ」って思いますね。本音を知らないいんじゃないかな。ってことは、人間を知らないいんじゃないかな。人間のなにが素晴らしいのかを知らないいんじゃないか。カラヤンは形や情景の美しさは表すかもしれないけど、そこに血が通った人間がいないいんですよ。

そんなことは、上田さんと出会ったころはなんにもわからなかった。あの人のおかげでいろいろな人たちと対談したけれど、まだまだわかりませんでした。少しずつものがわかるようになったのは、四十を過ぎ、五十を過ぎてでしょうね。やっぱりそうか、やっぱりそうだったのかって納得することが多くなるにしたがって、わかるようになってきた。……なんて、大げさなことは言えない。

生きてることが勉強でした。

噺家になってよかった。でなければ、テストで点数取ることばっかり考えるような人になってたでしょう、私もきっとね。人間の美しさは、なんてことを考えるより、学生は勉強ができればいいって思ってたんですから。ところが落語は、落語ができればいいじゃゃ、すまなかったんだよ。人間がわかんなきゃ、落語にならなかった。人の命がどういうものかっていうのがわかんなかったら、落語にはならなかった。だからいまだに、わかんない。人の生きる素晴らしさの陰には、必ず悲しさもある。それは、相当いかないとわからないんだけど。

なにも考えがなくてきれいにやってるやつを、私はいいとは思わない。落語を聞いてても、そう思うんです。映画見たって芝居見たって、そう思う。自分の心のない人には感動できないね。なぜカラヤンに私は感動できないのかっていう理由が、そういうことで見えてくる。そうなんだ、やっぱり自分で感じたことを感じていればいいんだ、ってことかな。それが正しいとは限らない。ダメなときもあるはずです。そうやって、一歩一歩……今日まで来ました。ほんとに、わがまま勝手に生きてきました。

対談のあと、何十年もたってから、どっかの中華料理屋でバッタリ顔を合わせたとき、むこうから「森山良子です」って声をかけてくれた。話したら、あのころとすっかり感じが変わって、今は飾り気のない素晴らしい歌手になったなあと思っています。なのに、あのときは生意気なこと言っちゃったなと、ずっとひっかかってました。

あのときわかりもしねえで聞いちゃった、自分の肚からじゃなかった、無理やり質問したようなあの言葉はずっと離れない。私はあのあと、ほんとにそう思うようになりました。誰の歌を聞いてもそういうことを感じる。なんだ、歌うたってるだけじゃねえか。それは自分の芸についてもね。

そして今回、四十年ぶりに上田さんに会いました。森山良子さんとの対談の前に「これだけは聞いてください。あんなに歌をうまく歌う必要があるんですか」って言われた。なぜ、そういうことを私に言ったんですかって聞きました。そしたら、上田さんは「ほんとにうまいのが、逆に嘘っぽいと思った」って。うまく歌うことで、歌の持っている心が隠れてしまう。生きてる人の心がなきゃあ、ということなんでしょう。

そういうことを言ってくれたのは、上田さんが初めてだ。その後も誰も言ってくれない。その言葉は私の人生に大きく響いていきますね。つまり、楽器でもこんなにうまく弾かなきゃいけないのか、うまく歌わなきゃいけないのか、うまそうに指揮しなきゃいけないのか、と。それは私の「哲学」になりました。どんな芸術家や音楽家に会っても、そういう疑問をぶつけたくなるっていう、自分の癖《へき》になりましたね。芸術ばかりじゃない、世の中のすべてのものに対する見方が、「形」を取り払って「中身」を見ていくのは、あの対談からでしょう。

落語の好みも変わっちゃったし、やり方も変わっちゃった。どうやっていいのかわかんなくなっちゃった。「外壁」がある、シェイプがある、スタイルがある。なにかっていえばそれに頼っていればいいんですけど、それを取り払っちゃうと、中身の自分はなにを言うんだっていう問題になっていく。その後、ずっとそういう毎日です。戸惑い、自信なくして、頭抱えて……みんな上田さんのおかげです(笑)。ほんとうに恩人ですよ。

この対談では、素晴らしい人にいっぱい会えました。作曲家の宅孝二さんていう人は、孤高の人でしたねえ。クラシックをやってる人や、音楽学校を出た人たちからは「ええっ、宅さんとお会いになったんですか」って、ずいぶんうらやましがられました。権力におもねらない。大学の教授なんか断っちゃう人。教授になって当たり前の人なのに。北浦和のスナックで、宅さんがピアノで伴奏して、お客さんが歌っているのを、対談の前に上田さんと一緒に見に行きました。なにもこんなところでやることねえじゃねえかって思うんだけど、一向に気にしない。で、休憩時間になると、ピアノでジャズを弾いてる。誰も聞いてないよ(笑)。そのスタンスが、わざとじゃなくて本気なんだよねえ。そうじゃなきゃあんなこと出来ないし、続かない。

ナベサダ(渡辺貞夫)さんのときは対談する場所がなくて、私のうちでやったんですよ。六畳間みてえなところでね。おととし、ある会があって、何十年ぶりかでナベサダさんに会いました。むこうはおぼえてないだろうと思って、黙ってたんです。そしたら、「師匠ー、お宅へうかがいましたねえー」って言われて、泣きそうになっちゃった。おぼえてんのー?って。「あのときは一晩、語りましたねえー」って。すげえ人だなと思う人に、むこうから声かけられて、とってもうれしかった。ちょっと話して、それから演奏も聞いた。対談で会ったナベサダとちっとも変わってなかった。正直に生きてきたんだな、こうありたいものだなって感じました。ナベサダは自分に自信があるからなんだろうか。そうじゃないと思う。あの人はそうやるしかないんだ、そこが素晴らしいってこのごろは思うんです。こうやることによっていい結果が出るに違いないとか、みんながこっち見てくれるに違いないとか、それは芸をやる者にとって不純だよ。ほんとに、あのときのいろんな人との出会いがその後の私を変えましたねえ。

この対談をやるまでの私は、高座では決まったマクラしかやらなかった。きちんと、どこからも文句を言われないようにやっていた。だんだん、これでいいのかよって思うようになった。外側をつくろって、うまく聞こえるのは恥ずかしいことだっていうのは、その後、ほんとに私の基本ですね。芸、芸術、人の生き方でもなんでも。いいんじゃないの、つまずいたって。その人がなにをしようとしているのか、目指していることが素敵だったら、拍手したいよね。また、拍手できる人間になりたいと思う。それにはまず自分の側《がわ》を取り去ることしかない。結局、そこに行き着いちゃった。

私は必ずしも、八代目桂文楽っていう人に憧れてたわけではなかったんです。でも、こないだラジオで久しぶりに聞いたら、聞き慣れているはずなのにすごく新鮮に感じた。素晴らしかった。今のやつは自分も含めて、余計なことを言い過ぎる。文楽師匠の噺は「削ぎ落とした」って当時から言われてましたけど、当人は削ぎ落としたとは思えない。ふつうのことをふつうに言ってるだけなんだけど、その世界や心が伝わってくる。素晴らしいなあと思いました。今になって桂文楽って名人じゃねえかって、改めて思うんです。いや、こないだまで思わなかったわけじゃない。こうじゃなきゃなあって。今の落語界を見てもそう思うんですけど、受けたい、受けたいっていう受けたいは、「こうしたい」んじゃなくて、「人からこう思われたい」っていうもので、評判ばかり気にしてる。そういうことじゃないんです。人が生きてくうえでの心はこういうことだって、噺はちゃんと持ってるんだから、それをまず伝えてもらいたいよ。そのうえでちょっとお飾りに、こんなこと言ってみたり、あんなこと言ってみたりってそれは構わないけど、なくったっていいんです、そんなものは。……こんなことはあの対談をやってたときは語れなかった。人のことをとやかく言えなかった。だんだんと変わっていきましたね。

また、そのころからでしょう、マクラとかそういうものが長くなったのは。東海ラジオでディスクジョッキーを頼まれました。「ミッドナイト東海」っていう、日曜の午前〇時十分から午前三時までの番組です(一九七三年十二月〜七五年三月)。なんの原稿もない。無のところから三時間うめるっていう作業は、ほんとにすべてマクラでしたねえ。突然、「こんばんは。柳家小三治です」って話し始めるんですけど、話すこと、なんにもないんです。弱っちゃってねえ。恥も外聞もなく、自分をつくろうことも出来ずに番組が始まっちゃったのが、自分をさらけ出すことにつながってったのかなあ。

マクラをやらなかった私にとっては、最初の航海に出たようなものでした。それまでは、この噺にはこの決まったマクラっていうものしかやらなかった。それ以外のことをやるのは、噺を冒瀆してるっていう感覚がありましたから。余計なことは決して言わない中で、お客さんに楽しんでもらう、喜んでもらうにはどうしたらいいかって自分をギリギリしばりつけてたんでしょう。いや、しばりつけてるとは思ってない、それが当たり前だと思っていた。それでおもしろくなきゃあ、噺家じゃねえって思ってた。

それが、自分の言葉でラジオをやるようになってから、自分の言葉で高座で噺をすることも始まったんでしょう。ラジオは大きかった。「これとこれは言ってください」っていうのが、なにもないんですから。そういうことが得意な人ならいろいろやるんでしょうけど、不得意で決まったこと以外のことは言っちゃいけない人なんですから。何秒でしたか言葉が途切れると、ピーって警告が鳴るんです。それだけはやめてくださいって言われたんで、それはやらなかったんですけど、なんか言ってなきゃいけない。ほんとに困りました。ああやって自分を追い込むことは、あのときから始まったんですかねえ。

かたわら、寄席では落語をやってるんです。だから、落語のやり方とか進め方が変わってってったんじゃないのかなあ。変わるつもりなかったんですけど、変わってった。どうも、そうみたいなんですよ。

あのころが、私のルネッサンスだったんですね。

九、東京やなぎ句会

——小沢昭一さんと入船亭扇橋さん

東京やなぎ句会の面々．前列左から，大西信行，桂米朝，入船亭扇橋，後列左から矢野誠一，永六輔，加藤武，小沢昭一，柳家小三治＝2011年4月，岩波書店で

東京やなぎ句会が始まったのは、一九六九年の一月ですか。まだ真打になる前ですね。矢野誠一さんから、今度こういう会ができるんだけど、参加しないかっていう誘いがありました。最初は、新宿の紀伊国屋書店の裏にあった寿司屋・銀八でした。

永六輔、江國滋、大西信行、小沢昭一、桂米朝、加藤武、神吉《かんき》拓郎、永井啓夫、三田純市(純一)、矢野誠一、そして、まだ二ツ目だった柳家さん八(入船亭扇橋)と、私・柳家さん治っていうメンバーです。まともなやつは一人もいない。ああ、人間はみんなヘンなんだなと思いました。永六輔、小沢昭一、……日本を悪くしたやつばっかりだ。まあ、悪くしないのは加藤武かねえ。そういう中に囲まれてたから、私もねえ。

小沢昭一さんを最初に私が見かけたのは、日活の石原裕次郎さんの映画でした。私が小さんに入門して二ツ目のとき、今のテレビ朝日、そのころのNETテレビの制作で、「落語に賭ける与太郎の青春」というドキュメントをとらせてくれ、っていう話があったんです。なんで私だったのかよくわかりませんけど、でも、そう言ってくれたんだから、そうって始まったわけです。そのテレビ番組のナレーションを、小沢さんが担当してくれました(一九六四年十一月六日放映)。

撮影でずいぶん遠くまで行ったんで、おぼえてます。岐阜の御母衣《みぼろ》ダムあたりをまっすぐ上って行く山道を、ジープのような幌だけの車でゆっさゆっさ揺られながら行きました。着いたのが、あたりは真っ暗でわかんないんですけど、山の飯場で地の果てのようなところ。そこで落語をやるという。なんだったんだろうねえ。

飯場っていうのは、下が土間で、中へ入っていくと膝ぐらいまでの高さの板の間があって、そこで働く人たちが休んでいます。その左と右の板の間のあいだに戸板を渡して橋みたいにして、その上に座布団を置いて落語をやる。なんとも過酷なっていうか、素朴なっていうか、原点でした。

ああいういちばん奥地で働いている人たちの中には、家出をしていて、うちの人に探されちゃまずいとか、そういう人がいるんですね。テレビカメラが向くと、横を見て顔を隠すような人がずいぶんいた。なんか、おそろしいところへ来ちゃったなあって思いました。そういうところで落語をやって、どの程度喜んでくれたのか、それもよくわかんないんだけど。

で、その番組のナレーションをやったのが、小沢昭一さんです。私は、明日をもわからない、この芸の世界に入ってすぐのころで、小沢さんの節度のある話し方や品のある間の取り方を聞いて、

「おれもいつか、こういう語り手になりたいものだな」と憧れもしましたし、お手本にもしました。そのとき、あちらは映像を見ながらナレーションを録音したんでしょうけど、私とは顔を合わせていないんです。

小沢さんとは、やなぎ句会のときに初めてお目にかかりました。小沢さんにしてみれば、たくさんある録音仕事の中の一つだから、私の名前も知らねえだろうって思っていたら、おぼえていてくださいました。で、とても近しくしてくださいました。ふざけてくだけたことを言ってる人だけど、実にきちんとしたまっすぐな人でした。そういう人柄も私はどこかで見習っていったんでしょうね。ありがたい同志っていうか、先輩です。

小沢さんは「噺家になりたかった役者」、私は「役者になりたかった噺家」。まったくそうですねえ。小沢さんはそのころの落語界を見て、あんまりにもすごい人やえらい人がたくさんいるので、とても太刀打ちできねえと思って噺家にはならず、新劇の世界に入ったと聞いています。私はそこまでまだものの見定め方がわからないんで、ただまっすぐ飛び込んじゃったんでしょう。

その二人が、やなぎ句会で出会うんです。あの人も私も、あんまり肝胆相照らして話し込むようなことはありませんでした。江戸っ子は照れ屋ですから、ほんとのことはふれないもんです。だから、私はあの人に憧れて尊敬もしてましたけど、あの人は私のことをどう思っていたのかは知りません。

俳句会ではどこか地方に吟行にいって、お客さんを前にした会でちょっとした短いスピーチをして喜んでもらうってことが、通例でした。いろんなところでやりましたけど、二人が風呂場で湯舟へつかって話したのは、大分県の石仏のある臼杵《うすき》。あすこへ俳句会で行ったときですねえ（一九九三年三月）。湯舟の中で、珍しく二人でいろいろ話をしました。

その少し前に、佐渡へ行ったんです（一九九二年六月）。これは、本の中に入れたんですけど（東京やなぎ句会編『佐渡新発見　伝統と文化』三一書房）、小沢さんと私が対談しています。その録音は、すごくおもしろかった。それを、ある人（名前を出しちゃおうかな、俳句会の一人、日大教授の永井啓夫さん）が、私がまとめましょうって言ってまとめました。でもそれがおもしろくもなんともないんですよ。だけど、そうは言えないでしょう？　先輩だし。それで、臼杵の風呂の中で「どう思います？　あれ、読みました？」「いやあ、読んでないよ」「まとめたっていうのを読んだんですけど、はっきり言って、おもしろくもなんともなくなっちゃった。整然とはしてますけど。小沢さんと私が対話してるのを、そのまんま文字に起こしたほうはすげえおもしれえ。永井さんがまとめたほうなら私、出したくない」って言ったんです。そしたら小沢さんが「よしわかった、調べてみよう」。で、見てみたら、「あ、こりゃあダメだ」って。

結局、どうなったかっていうと、録音を起こしたまんまを本にしちゃったんです。出来上がってみたら、おもしろい。後世に伝わるような対談の名編になりました。ラーメン屋と寿司屋が一緒になってる店の話とか、新潟には美人がいる地域が三つ四つあって、ひとつはどこどこだけど、あとは教えないとか。そして、みんなで盆踊りみたいに踊っているところに、それと関係なく本物の石の地蔵を背負った人がうつむいて横切っていく……。あれなんかは、まるで情景が目の当たりに見えるようですねえ。

小沢さんはその後、自分の対談集（『日々談笑』ちくま文庫）の中にあれを入れてましたけど、私もそういうものが出来たら、そのまんま転載したいと思うくらい、おもしろかった。だから、気が合ったんでしょうかねえ。どこか認めてくれてるところもあったんでしょう。

俳句会をやってみると、小沢さんはとってもわがままな人でした。歳を取るにしたがって、なおさらわがままになった。そうすると、まわりはそういうことを敏感に感じて「いちいち逆らっちゃいけないいな」って結構、寡黙になって言うことを通したりなんかする。大人の男のつきあいっていうんですか、そういうことがありました。

俳句会っていったって、俳句はもちろん作りましたけど、それよりも違う分野でたたかっている人たちが、月に一日あすこに集まって、その日だけはすべて世の中のしがらみを忘れて、子どもに返ってバカになって語り合う、じゃれ合う日でしたから、それが楽しみでした。俳句なんてどうでもよかったんです。

私は、しょっちゅう「俳句のない句会っていうのをやろうじゃねえか」って言ったんだけど、意外にも、小沢さんが「イエス」とは言わない。小沢さんは、若いころから俳句に対して畏れおののいていたところがあったんでしょうか。尊敬してるんですねえ、俳句を。あの人はやなぎ句会の中でもいちばん俳句が好きだったんじゃないかと思うくらいで、毎日、一句はつくるなんて言ってました。みんなそういうことやってたのかな？　私は一日一句なんかとんでもない。五・七・五の十七文字にちなんで、毎月の十七日がやなぎ句会なんですけど、その日、その瞬間しか、つくらない。終わるとすぐ忘れちゃう。小沢さんはずーっと俳句でした。やっぱりいい句つくりますよ。

第一回目に「煮凝《にこごり》」っていう題が出ました。私は困ったあげく、とうとう作りあげたのが、末代までこの句会の恥になる句だって有名になった「煮こごりの身だけよけてるアメリカ人」。こんなバカな句をつくるやつは誰もいなかった。

小沢さんがつくったのは「スナックに煮凝のあるママの過去」。これにはみんなあきれ返っちゃいました。参ったですねえ。いかにも小沢さんらしいけど、なんでしょう、このママの過去は。スナックに煮凝が出るって、もうそこですごいドラマが語られている。スナックですから。小料理屋じゃないんですから。なんともそこに、庶民ってものがうごめいているし、時代ってものがうごめいてるし、小沢さんらしい、いい句でした。あれも私の教科書でした。小沢さんには、ほんとうにいろんなことを教えてもらいました。あの人は、教えようと思ったわけじゃないんでしょうけどね。

小沢さんは噺家になりたかったっていう、もとの気持ちがあるくらいですから、若手の落語会なんかに引っ張り出されて、気持ちよくやっていたみたいです。「この人の会で、こういうことやりました」とか、「談志さんについて、どこどこの高座で話しました」とかって、それはうれしそうに話してました。

でも、寄席の芸人になりたかったたっていうなら、実現可能かどうかはわかりませんけど、話をしてみようって思って、小沢さんに「みんなそれ一日ずつでしょ、今度は十日間、寄席の高座の、何分間って割り当てられた中で毎日出演っていうのを、やってみる気ありませんか」って言った。そしたら、もう目が輝いちゃってねえ。「ほんとですか！」って。ぜひやりたいっていう気持ちをもらったんで、落語協会の、まあ私も理事の末席にいましたから、会合へ持っていってご協力願えませんかって話をした。そのときは小沢さんをよく知っている人たちが、理事や古い噺家の中にもいっぱいいましたから、「おおー、昭ちゃんか」っていうんで、お願いしようじゃねえかってことになったんです。

私がトリを取るとき、私の少し前に小沢さんに出てもらうようにしたいって言って、理事会にも小沢さんにも了承してもらった。

で、どこへ出てもらうか。やっぱり新宿なんですね。あのかたのお住まいは世田谷の代田だか、あのあたりですし、戦後すぐは高田馬場に住んでいて、大学は早稲田でしょう？　新宿にご縁がある。上野じゃなくて、新宿。上野とは違う「山の手の庶民」っていうんでしょうか。私も山の手の庶民ですから、もうねらいめはそこしかなかった。小沢さんもまったくそうだって言うんで、新宿末廣亭、二〇〇五年六月下席・夜の部への出演が決まったわけです。

そしたら、まさかあんなにすごい反響があるとは思いませんでした。いやあ、物狂おしいっていう言葉がありますけど、ほんとに集まったお客さんの狂気はなんだったんでしょう。小沢昭一が新宿末廣亭へ出る、寄席の番組の中に入り込んで毎日出るってことの、なににえっ！って目をむいたんでしょう。それは私にもわからない。紀伊国屋ホールとかほかの全国公演とかでも、生で出てないことはないんだけど、ピンで小沢昭一がしゃべるのを見るのはちょっとしたイベントだったんですかねえ。狂気の沙汰でした。でも、ああいう機会を得ることができて、あのかたにとっても、とってもよかった。

私のマクラがだんだん長くなったのは、ラジオの「小沢昭一の小沢昭一的こころ」の影響もあるでしょうね。小沢さんの「明日のこころだあー」っていう言葉で番組が終わった途端、一緒にタクシーに乗っていた、私の師匠の小さんが「これが現代の落語っていうもんだよ」ってつぶやいたのを、私は忘れません。それを小沢さんに言ったら、小沢さんが「師匠がそう言ったの？」って感慨深そうにしていました。こういう切り口でもいいんだ、っていう気持ちになったかもしれません。

私のマクラはなんにでも影響受けていますね。いいと思うものはなんでもいいな、って首つっこんで行っちゃう。

だから、扇橋がぐだぐだ言ってるのを聞いて、私のマクラが長くなったっていうこともあるでしょう。若いころから、私よりはマクラが長かった。一緒に落語会をやるようになると、扇橋はぐだぐだ言ってるんですよ。主に自分のことなんでしょうけど、なにを言ってたんですかねえ。あいつはきっと、ほんとうのことを言ってたんでしょう。わざとおもしろい、ギャグのようなものを並べて喜ばせようっていう漫談じゃなくて。「そんなんで、おもしれえのかよ」って思うんだけど、聞いているとなんかおもしろいような気がするんですね。だから、「こんなんでいいのかい」って私もやり出したのかもしれません。そしたら、私のほうが長くなっちゃった。

扇橋は、師匠の(三代目桂)三木助師匠が亡くなって、小さん一門に移ってきた。それで目白の小さんの家に通うようになり、兄弟弟子になった。そのときからの付き合いです。この世界に入ったのは、実は私より二年以上先輩だった。二年以上先輩っていうのは、この世界では相当先輩です。でも、それが彼の人徳なのかもしれないけど、先輩風を吹かせたことがないんですね。知らないうちに、同輩だって思ってました。

噺家の世界の常識ですけど、並び方も芸歴の長い人のほうが上に座る。そういうときでも、小さんの家では、小たけとか、さん治、つまり私のほうが芸歴は古いんだという気持ちがどっかにあって、私を立ててくれたのかなあ。そういう気持ちはわかってましたから、私もあいつをつぶすことはなかったですねえ。

小さんが、家の裏庭につくった剣道の道場で、柳家小助（のちの六代目柳家つば女）と、さん八（のちの扇橋）と私の三人で勉強会をやれって言ったので、やることになりました。修業中の、ほんとにまだ毛も生えそろってないやつらを三人集めて落語会、勉強会をやるっていうことは、ほかにはなかった。月一回ずつやってたんでしょうか。その日は師匠が先頭に立って座布団並べて、こんなことまでしてくれんの？　って思いました。

なんで小さんはやってみようかなと思ったんだろう？　だれかに言われたんでしょうか。亡くなった三木助師匠は小さんと兄弟分だから、さん八のことも考えてやらなきゃって思ったのかもしれません。私たち三人がちょうど同期ぐらいにいましたし。

扇橋とは、師匠の家で一緒にガラスをふいたり、雑巾がけをしたりしていました（五四頁写真参照）。でも、三木助師匠のところの修業をして今日に至るものと、小さんのところで育ったものとは、どこか空気感が違う。扇橋にしても、どこかで合わせなきゃと思ってたんでしょうけど、合わないことはずいぶんありました。だから、そんなに心を通わせる仲良しっていうことはなかった。

ほんとに仲良くなったのは、やなぎ句会をやるようになってからですかねえ。……よくおぼえてないなあ。ただ、やなぎ句会があれだけ続いているのは、扇橋が宗匠だったということが大きい。句友のだれに聞いてもまったくそうだって言う。威張るっていうか、自分が上にいるっていう態度やにおいが全然しないんですね。みんなからいいようにおもちゃにされ、からかわれても、俳句をつくると、うーん、かなわねえなってあらためて尊敬をする。

扇橋のつくった句で、私が好きなのは「母の日の袋物屋をのぞきけり」。ただそれだけの句なんですけど、いかにもあいつらしい句です。どうだって見せるような、ご馳走がごてごて詰まっているのとは全然違う。「母の日の袋物屋をのぞきけり」。ただそれだけですよ。だからなんだったんだって言いたくなる。袋物っていうと、袋だったり、がま口だったり。「袋物屋で求めけり」じゃない。ただ、のぞくだけなんです。そこがいいじゃないですか。なるほど、そういう詩の世界があるんだっていうことを、あいつは知らせてくれました。だんだんわかってくるんですよ。人がふつうに生きてることの素晴らしさとか、何気ないふだんの暮らしの中に、すてきなことはあるんだなって。

新宿末廣亭で、私が『千早ふる』っていう噺をやったときのことです。一生懸命、相撲の修業をして大関になった男が、なんかの加減でくにに帰って豆腐屋になって、振られた女と五年目に再会して驚いたっていう、ただの夢物語。かなしくもおもしろくも、なんともない噺。

私がはなし終えて頭下げて高座をおりてくると、楽屋で障子越しに聞いていた扇橋がぽろぽろって涙をこぼして「落語ってかなしいね」って言ったんです。なにがかなしいってことは言わない。だけど、五年後にばったり出会う男と女の人生を考えると、「人生はかなしいね」ということにもつながっていくし、それを理解しながら「噺の中に入り込んで、一生懸命はなしていくのはかなしいね」っていうことの、ひとつの美的表現かなあ。

噺に出てくる人の心に寄り添わないと噺はできないって気づいたのかもしれない。それに、かなしさを笑いでまぎらわしてしまおうっていう、落語そのもののかなしさっていうのもあるかもしれないね。考えてみると、笑いの陰に必ず、かなしいとかさびしいとかってものがついてまわる。それは日本の芸能の持ってる、ひとつの基本かもしれません。

なんかあいつは、おれのそばにいた。なんだったんだろう。やっぱりおれのこと好きだったのかな。そう思うと、おれもあいつのこと好きだったんだねえ。まあ、困ったやつです。

そんな扇橋を中心としたやなぎ句会は、絶妙なメンバーでした。最初からねらったんじゃなくて、たまたま寄り集まったっていうのが、ひとつの妙ですねえ。小沢さんなんか、このために生きてるようなもんだって言ってました。みんなも、そう言われるとまったくそうだって。自分自身を掘り起こす、いい日々だったんだねえ。俳句会は、かなしい。

十、生き方を変えたバイク

41 歳から 51 歳まで乗り続けたバイク＝1985 年.
写真提供：毎日新聞社

バイクの話？　乗り方ですか？（笑）

いやあ、バイクに乗ってよかったよ。それまでの自分とはずいぶん変わった。あんまりものが許せない人だったからねえ。今でも許さないけど。世の中には許すことがたくさんあるんだって、感じることが多くなったかなあ。前は暴走族なんか許さねえと思ってて、片っ端から撃ってしまえなんて言ったこともあったけど、今はそんなことを口に出すのも恥ずかしい。バカなことを言ったもんだと思う。それだけでもずいぶん変わりましたよねえ。そういう、まあ哲学的な変化があったわけです。

自分がいっぺんその中へ飛び込んでみると、暴走族がいいっていうわけじゃないけど、そうしなきゃならない人にはなんか理由があるんだって考え始めます。すると、世の中のどんな罪をおかした人でもわけがあるんだろうって考える。人間が根本的に変わっちゃったんです。

落語をやるときでも、そういう人間に変わっちゃった人の噺と、変わってない人の噺では違うと思う。長屋の熊さん、八っつぁんやおかみさん、すべての人が変わったと思います。世の中の人を悪い人といい人に分けて、自分はいつもいい人の側にいる。その考えは違うなって思ってくると、落語も世間の人を見る目も変わってきた。

そう見ようとするっていうより、そう見えちゃう。見えなきゃ、人間は理解できない。人間を理解できなきゃ、落語はできない。落語は人生の、社会の縮図ですから。いつの間にか人が生きるということの根本まで考えるようになる。それはオートバイから来たんじゃないですか。もちろんほかの要素もあるでしょうけど。

私は弱い人なんです。弱いから、きっと強がってたのかもしれません。弱さを知ったときのほうが涙もろくはなるけど、粘り強くなりますよねえ。強いときは涙をこぼしたらおしまいです。弱いと涙はこぼすけど、なんとかしなきゃっていう気持ちが出てくる。これ、全然違う人じゃないですか。

オートバイには、汲めども尽きぬ、深いものがある。四輪のクルマに乗ってたときとは比べものにならない。四輪は、噺家になってすぐ前座のときに運転免許の試験を受けるんで、楽屋で太鼓をたたきながら、教則本を見て勉強してました。一刻も早くとりたいって。

それから二十年ぐらいは、四輪に乗ってました。そのころの小型のスポーツ車としちゃあ、マニアックなものでしたよ。それで得意になってたんですが、オートバイを知ったら、おかしくてそんなもの乗れなくなっちゃった。オートバイがだんだんわかってくると、性能のいい運転の難しいものに乗りたくなる。征服していきたくなる。

そもそもは寄席に行くのに乗ったんです。当時は四輪の普通免許に自動二輪の免許がついてきたんで、身内の者が使ってたラッタッタに乗っかって寄席に行ったら、早いのなんの。高田馬場の自宅から新宿の末廣亭に行くのに、四輪なら明治通りのラッシュに引っかかると三十分近くかかるのが、二輪は五、六分で行っちゃう。こりゃあいいやって思いました。

最初に買ったのは二五〇ｃｃです。上野のオートバイ横丁の店で、一九八一年五月、四十一歳でした。その年のうちに六五〇ｃｃに買い替えましたから、よっぽど練習したんでしょう。手に入る限りの教則本を買って、読みました。そして一年ぐらいは、仕事が終わってからまっすぐ家に帰らないで、今日は「これだ」ってテーマを決めて練習してました。ハンドルを切れば曲がれると思って乗ってるんだから、こんな危ないことはありません。オートバイは、曲がるときは逆のほうに倒れるんです。ハンドルを逆のほうに押していく、くらいのつもりかな。そうすると、そっちへ倒れる。そんなことに気がつくまでにもどのくらいかかったか。よく生きてたよ。

乗る技術や交通規則との兼ね合いも四輪とは違って、新しい世界が見えてくる。今までこうやればうまく乗れる、と技術も高いところを求めていってたのに、それ以上の次元の違うものに出会った。面倒くせえっていえば面倒くせえけど、それがすべて自分の楽しさにもつながるし、危険にもつながる。その危険をうまく乗り越えて、安全をいかに手にするかっていうのがおもしろかったですね。

オートバイを買って家に帰ってきたとき、カミサンはすごいこわい顔をした。「生命保険だけは入っていただきます」って、それしか言うことはなかったんでしょう(笑)。

師匠の小さんは、自分で運転はしなかった人でしたし、オートバイっていうと、ガラの悪いやつが乗るっていう印象を持っていたでしょうから、私をちゃんと見ないで、目をそらしがち、伏し目がちでした。ほんとに困ってました。

その三、四年前に、私はスキーを始めていたので、そのテクニックを身につけるのとおんなじように、バイクのほうも身につけていきました。小さんの弟子の後輩たちが、草津でスキーのシーズンに落語会をやってたんですが、なかなか客が集まらねえっていう話で盛り上がってたことがあります。それを私が小耳にはさんで、じゃあ、ちょっと手伝いに行こうかって言ったら、出てくれればうれしいですよ、みたいな話になった。天狗山ゲレンデっていう初心者向けスキー場の、目の前にあるホテルが主催する落語会です。そこへ私も顔を出すようになった、っていうのがスキーに熱中するきっかけです。

私はスキーをやりに行ったわけじゃない。そんなにやりたいと思ったわけじゃないんだけど、道具を借りてやってみたら、初めての者は屈辱感にまみれますよねえ。行きたくもねえのに、どんどん先へ滑っちゃう。チクショーって思わせることが、私には危ない。なんとかしなきゃって思っちゃう。落語ばっかりじゃなくて、小さいころからそういうことがあると逃げない。

スキーもそこから始まりました。そしたら三日で夢中になっちゃって、シーズンが終わるころにはスキー用品のバーゲンで一式、全部買った。雪もなくなってるのに、なんとかやりたいもんだと思って、群馬の万座スキー場へ行ったこともあります。なかなかうまくいかない。だからでしょう、夢中になっちゃったのは。

話を戻しますと、オートバイに乗り始めて一年ちょっとが過ぎた一九八二年七月。初めて北海道に、仲間たちとツーリングに行くことになりました。メンバーは三遊亭圓窓、金原亭伯楽、柳家三語楼（現・六代目柳家小さん）、土橋亭里う馬、喫茶店のマスター・斎藤宏二、それに私。「転倒蟲《てんとうむし》」

っていう名前をつけました。

圓窓は、入門も同時期です。歳は私のほうが一つ上だったけど、圓窓のほうが入門はちょっと先だったですかね。八代目春風亭柳枝師匠のところに入門して、枝女吉《しめきち》っていってました。柳枝師匠が亡くなって、(六代目三遊亭)圓生師匠のところに一門が移り、枝女吉から吉生《きっしょう》になりました。

「吉生・小たけ二人会」っていうのを一緒にやってましたし、前座のとき噺家としていちばん仲が良かったのは圓窓です。いつもつるんで遊んでました。明日は海のものとも山のものともつかない暗中模索の、暗い中っていうより、霧の中をわけもなく漂っているときです。麻雀も教えた仲ですしねえ。真打になって「小三治・圓窓の会」っていう会も、新宿の安田生命ホールとかでやってました。

私が二五〇ccのオートバイに乗っかって、圓窓に見せて「乗ってみろ」ってなことを言ったことがあります。その前からあいつもラッタッタみたいなのに乗って、寄席に行ってました。私が二五〇ccから六五〇ccに替えるとき、「それ、おれが買うよ」って言うんで、私のをゆずったら、あいつもだんだん大きいオートバイに憧れていきました。負けてられないんだね、きっと。北海道に行ったときには七五〇に乗ってましたよ。

最初の北海道ツーリングで、知床横断道路を走っていたとき、金原亭伯楽が崖から落っこって行方不明になるっていう事故がありました。結果的にはあばら骨と鎖骨を折ってという程度だったんですが、見つかるまでは大変でした。旅が始まってすぐ、まさかそんなことになるとは思わないですからねえ。あいつの師匠の(十代目金原亭)馬生師匠になんて申し開きしようかとか、カミサンに知らせなきゃとか。電話したら、カミサンは度胸のある腹の太い人で、「あら、落ちたんですか。はははは」って笑ってました。結局、伯楽は羅臼の病院に二、三週間入院して、世話になった。人なつっこいやつですから、すっかり羅臼の人みたいになって、後援会もできたなんていうことがありました。

この最初の年の今日はどこに泊まろうか、どこまで行こうかっていう楽しみは大きかったですねえ。あれがほんとの旅だろうなと思う。あの期待のふくらみようは、はかり知れないものがありました。あくる年からは私たちが北海道をまわるのは有名になっちゃって、うちでも落語会を、うちでもっていう申し込みがたくさんくる。明日はどこまで行こうかじゃなくて、今日はどこまで行かなくちゃいけないかになっちゃった。初心を忘れて、こなすようになっちゃあおしまいだよ。でも、オートバイに乗るのは楽しかったから、楽しんで行ってました。

富良野の十勝岳に行ったとき、せまい山の中の温泉の混浴露天風呂に入りました。そしたら自衛官の女の子たちが入ってきた。胸から膝の上ぐらいまでバスタオルを巻いて、ひたひたと湯舟の向こう端のほうに入った。なんかわくわくしましたね。訓練してますから、見事な肢体でしたよ。筋肉もしっかりしていて。上官と「先輩、そうでありますか」「そうだよ、お前」と話してました。もちろん、他にも何人か入ってるんです。男が四、五人いたかな。

そのうち、私が空を見てたら、曇り空のあいだに星を見つけたんで、思わず「あっ、星だあ」って言ったんです。そしたら「あ、ほんとだ。星だあー」って、急にただの女の子になっちゃった。自衛隊っていうのも、先輩・後輩、やっぱり厳しいんだなあ、おれたちの世界とおんなじだなあって思ってたのが、星ひとつ出たために全部忘れて「ほんとだ」って、ただの女の子に返っちゃう。身分の上下も種類も関係なく、みんなひとつのことに気をとられて、それに向かって楽しんでいる。人間のいとしさっていうか、かわいさっていうか、たまらなく好きになりました。

オートバイとのお別れは、五十一歳。リウマチで両方の手首が痛くなったときです。片方ではなく、左右同時に来ました。リウマチがそういう病気だってことは知らなかった。オートバイに乗るときは手首に体重をのせ、ハンドルに圧力を微妙にかけていくのがとても大事なんです。その圧力のかけ方を会得するにしたがって、楽しさはほんとに日一日って増えていきました。

で、そういう形で両手首が動かなくなって、オートバイに乗れなくなるとは思わなかった。まあ、しょうがないよね。そういうときが来たんだって、素直に受けるしかない。からだが動くときに精いっぱいのことができてよかった。それは間違いない。あんな楽しいことはありません。自然の中に入るっていうか、景色が大きくなるっていうか。あとになって考えると、景色が大きいっていうこともあったでしょうけど、風を受けて風を感じて、新しい空気に切り込んでいく、新しい景色に踏み込んでいく姿は、自分からは見えないけど気持ちのいいものでした。

小さな草や生きものに対する感じ方も変わりました。細かいことまでねえ。もうオートバイに乗ることはないでしょうけど、少し手が動くようになったら、乗ってみたい気もします。一般公道じゃあできないから、自分用の広い庭でも持ってその中で乗るなら文句はないでしょう? ほんとに夢の中の夢かな。いやあー、あんないいものありませんよ。いつも命がかかっているから、なおさらでしょうねえ。そうやって自分の身をもって体験したことが、全部フィードバックされてなるほどなあって思うようになっていく。役に立つっていうのは変ですけど、生きていることやふだん挑戦していることが、結局は自分を気持ちよくさせてくれるし、豊かにさせてくれるのかなと思っています。

十一、落語研究会

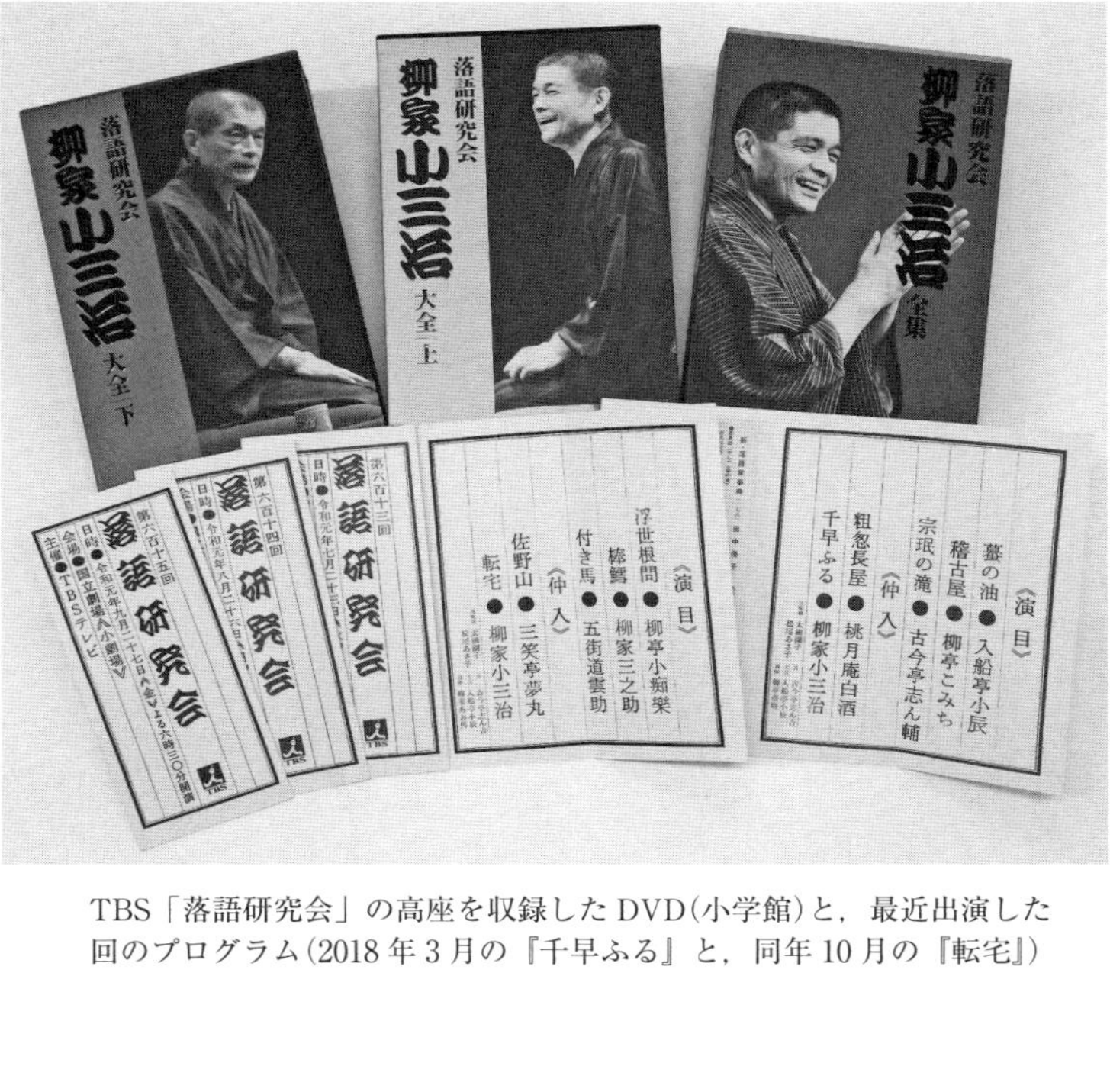

TBS「落語研究会」の高座を収録したDVD(小学館)と，最近出演した回のプログラム(2018年3月の『千早ふる』と，同年10月の『転宅』)

東京・三宅坂の国立劇場で、毎月やっているTBSの「落語研究会」。私が最初に出たのは一九六八年七月二十五日、『たらちめ』でしたか。二ツ目のときですね。お声がかかったときは、すごく緊張しました。名人、上手と言われるようなかたが出ていた特別な会でしたから。

そこにいたのが、白井良幹《よしもと》さんです。私の落語をつくっていった人ですねえ。私のアドバイザーでした。あの人は、いわゆる「放送局の人」じゃないです。放送局の人っていうのは、タイプとして、いい番組をつくっていい評判を得て、視聴率を得て自分の評判も上がって地位も上がっていくっていうのが、ふつうですよね。しかも、制作側にいる人間だったら、「これは誰がつくった？白井がつくった？おおー、やるじゃないか」って言われるような人になりたいのが、世の中の常ですよ。でも、あの人はそういう人じゃない。

白井さんがプロデューサーになって、彼の発案で土曜の昼に「お笑いスタジオ」っていう番組をやったことがあります（一九七〇年七月〜七三年三月、正午から）。バラエティーショーみたいなもので、その総合司会を「小三治さん、やってください」って頼まれた。そういう仕事は私にとって未知数です。少しは経験があったのかもわかんないけど、あんまり得意っていうか、好きな分野じゃないはずなのに、「白井さんが言うんじゃ、しょうがねえか」って思ってやりました。なんでそう思ったかっていうと、落語の番組、あるいは落語研究会で近い間柄になってたからっていうのが大きいでしょう。

番組は「お久しぶりです。小三治です」って、頭を下げて始まる。そういうのが不得意な人ですから、途端にアジャジャってなって、なにを言っていいかわかんなくなっちゃう。生放送なのに。すると、アシスタントとして隣にいた、最初は女優の姫ゆり子さん、その次にアナウンサーの見城美枝子さんっていう、取り仕切りのうまい頭のいい人に、ほんとに助けてもらいました。

チョーンと柝《き》が鳴って、はじまり、はじまりっていうと、出てくるのはドサまわりの一座です。私が座長で、その下に番頭役で伊東四朗さん、サブに小松政夫さんがいた。中身はドラマ仕立てで、今日はこういう人が来てますって、歌い手とかコントの人とか噺家が出たりもしました。落語をやった人はいなかったかもしれませんが、談志さんが漫談をやったことはありました。

そして最後は、一座のものが芝居をやる。「国定忠治」だと私が忠治になって、伊東四朗さんが「親分、赤城の山も……」って言うと、それに私がどうとかこうとかこたえる。そういう番組でした。

といっても、白井さんとはその番組を通じて仲良くなったっていうんじゃない。それよりも、落語研究会やラジオの落語の番組を通じて、ほんとに血が通うような仲になっていきました。だからってえこひいきをするとか、便宜をはかって金もうけをするとかいうことはなかった。そういうことはお互いに嫌いでしたから。

『小言念仏』という噺をやりませんかっていうのは、白井さんの強力なるおすすめでした。記録によると、七一年十月十四日にやったんですか。そんな始めのころでしたか。最初に研究会に出てから、三年ちょっとですね。もっと、だいぶたってからかと思ってました。

そのころから、やるネタについてはなんだかんだ、二人の間にやりとりとか相談とかをするようになっていたんですね。研究会の公演が終わると、その晩は必ず電話がかかってきて、短くとも一時間、あるいは二時間も三時間も談義をする。白井さん、話がなげえんだ、また。私もなげえかもしれねえけど、白井さんのせいじゃねえの? 私のおしゃべりが長くなっちゃったのは。その日の演目がどうだったか、こんなやり方もあんなやり方もあるとか、あの人はこうだったとか、そのとき誰がなんと言いましたとか、そのほかの世間話へつながっていく。

『小言念仏』はあるとき、突然、「あれは合いそうですね。合いますよ」って言われた。「私には向きませんよ」って言うと、「いやいや、あなたには絶対です」って白井さんは確信を持って言ってました。どうしてそう思ったんでしょう。だいぶ拒否したんですけど、「そう？　そこまで言うなら、しょうがねえや。やるだけやってみるか」って始めました。

白井さんは、「誰の」とは言いません。でも、言わなくても、『小言念仏』といえば、そのころは(三代目三遊亭)金馬師匠しか、ないようなもんでしたから。

金馬師匠は、右向いたときと左向いたときとではパッと人物が変わる。顔つきや声のツヤまでみんな変わる。紙芝居の絵を一枚引っこ抜くと、次の絵が出てくる。そういう世界にだんだんなっていく。おもしろさはやっぱり時代とともに変わっていくものなんでしょう。紙芝居はそのころの文明の利器だったのかもしれないですね。そういうものに押されていく。

いや、紙芝居がいけないっていうんじゃない。それはそれで新しい文化、人の感情をよぶものとしていいだろうけど、それ以上のものを持っているやつがまねすることはない。落語には紙芝居とは別の話の流れ方や展開があったはずなのに、ちょっと受けるとそっちへ流れていっちゃうんです。

そしてテレビが出てくると、三分にいっぺん、三十秒にいっぺん笑わせてくれとか、初期のテレビのディレクターはみんなそう言ってました。だから、短い間に笑わせることばっかり考えるようになって、ご覧なさい、今の芸を。ああいうのは芸ではないと、師匠の小さんは言っておりました。

それはともあれ、また始まるわけです。なんか抜け道があるんじゃねえかって。一見、浅い噺でした。だって、念仏唱えながら家のものに小言を言ってるだけの噺でしょう？　でも、やり出してみると、なかなかただの浅い噺じゃねえぞって。なんでもそう考えちゃうのが、私の悪い癖ですね。

抜け道のひとつが、三升家勝太郎さんです。そのかたのやり方は、金馬師匠とはまったく違う。金馬師匠のは、エンターテインメント。いってみれば、シネラマを見ているような、会場中に小言をまき散らすようなやり方です。勝太郎さんのは、ほんとに高座の前にまあ多くても五人、三人ぐらいの家族がいるだけで、それに向かってぶつぶつぶつぶつ言う。それ以上、声を遠くに張りはしない。その景色がおかしかった。

私がとるのはこっちだなと思って、それを目指してやってたんですけど、結局は金馬師匠みたいな形になってきちゃった。そこがまことにくやしい。残念だ。自分の性格もあって、そういう道に入ってっちゃったんでしょうけど、ほんとはもう誰も聞かないぐらいの声で、いちばん前の席の人に向かって話しかける。いや、話しかけるっていうのがもう違う。話しかけちゃあ、いけないんですよ。

勝太郎さんのは、しろうとのときに前からまわって客席で聞いたこともありますし、前座になってから、舞台の袖でそっとうかがったこともありました。おもしろくないんじゃないのって思ってました。だけど、くすくす、くすくすっていうおかしさがどんどん大きくなっていって、聞いてる自分の胸の中や頭の中がその景色でいっぱいになる。打ちのめされるおもしろさではなくて、湧き上がってくるおかしさですね。

今でも時々、あれは忘れちゃあいけないと思って、やってみることがあります。そうすると、そのときのお客さんの喜び方はまた違いますねえ。で、終わったあと、「ああ、これだよなあ、噺は」って思う。いつか、いつもそういう芸でお客さんにはなせる人になりたい。

勝太郎さんは、どこも声を張らない。四代目柳家小さんの噺を聞いても、そういうおかしさがあります。声を張ってお客さんの心の中に分け入ろう、なんていう気は全然ない。風で顔をなでるような、そういう芸でした。そのころのひとつの王道だったんじゃないかと思います。人物をそんなに際立たせない、区別しない。

だから、勝太郎さんは大きかったですね。噺はこういうことでいいんじゃないかって示してくれた。つまり、言葉が発せられた途端、その奥に世界が、人物が見えるんでしょう。ともすれば私たちは、口から出た音や息づかいに対して、その人の思いや景色を思い浮かべる。映画を見ているような感じで聞いているのかもわかりませんけど、そうじゃないんですね。

すると、四代目小さんの噺にも納得がいく。なんの変化もなくて、つらつらつらつら言葉を連ねていくだけだ。慣れない人は、言葉の表向きだけをとらえて飽きてしまう。ところが、その奥を聞いてみると実におかしい。勝太郎さんも結局、その流れだったんでしょう。

大家さんは大家さんらしく、八っつぁんは八っつぁんらしくってよく言われます。役柄によって声をそれらしい声にする。大家さんは大家さんらしく、子どもは子どもらしくというものだと思って、私もこの世界に入ってきました。なんとなく派手で、おもしろくなくちゃって教わってきました。そうじゃないんだって気がつくまでに、何十年かかりましたか。

今、弟子に言ってるのはまるっきり違います。全部、自分の声でいいんだ。大人も子どもも地声でいい。おかみさんをやるからって、女の声出す必要はなにもない。声柄で人を演じ分けるな。このごろ責任をもって、はっきり言えるのはそれですね。ただ、その人物になりきれってことです。私はもう年寄りですから、ジジイの声なんでしょうけど、ジジイの声でも子どもになったつもりで、子どもとしてしゃべればいい。子ども「らしく」言うんじゃなくて、子どもに「なって」しゃべるんです。時々うまくいきますけど、どうしても簡単なほう、つまり声を変えて、その役になろうとする。まあ、それをどうするかが今のテーマかな。

『小言念仏』をやれと言ってくれた白井さんには、ほんとにありがたいと思っています。よくやらせてくれた。あの人が言わなきゃ、生涯やらないですよ。あんなばかばかしい、屁みてえな噺を。今や、私はそれでめし食ってるって言ってもいいぐらいです。高座でかけることはそんなにはないけど、あれはおもしれえやってお客さんが期待してくれているのも知ってます。期待されているからって、万たび『小言念仏』ばかりはやっていませんよ(笑)。

マネージャーに「今日は終演時間が何時です。もう、マクラもいい加減にしてください」とか、言われるんですよ。「わかった、わかった」って高座に上がるんだけど、やっぱり長くなる。やりながら時計を見ながら、もうハネる時間なのに、ありゃー、しょうがねえ、『小言念仏』かなと思ってやる。その日のネタ帳っていうのが楽屋にあります。それを見ておいて、なにができるんだろう、前に出た噺と重ならないかどうか、今日は『小言念仏』ができるかどうかってことは、にらんでから上がってますね（笑）。

もうひとつ白井さんがすすめてくれた噺に『味噌蔵』がありました（一九七七年九月二十九日、落語研究会）。いつもそうなんですけど、ゴールラインが目の前になると難しいって思う。もう一歩、あ未解決なところをなんとかしたいっていう思いがありました。会の前の日になって「ダメだよ、あれ」って、ＴＢＳのそばの喫茶店で白井さんと話をして、一応こういうふうにやるんだよって、小声で噺をやり始めた。それで「ねえ、これじゃあ、しょうがないんだけどさあ、だいぶ遅くなっちゃったから、車で送っていくよ」って、白井さんの住んでる横須賀まで私のクルマで送っていくつもりで、脇へ白井さんを乗せて、運転しながらしゃべっていった。横浜あたりで「ねえ？　こんなのじゃあ、ダメでしょう？」ってお別れしたんですけど、家に戻ってきてからまた電話があったんだと思いますよ。

そのときの思いがあったんでしょうか。何年かあと、白井さんは自分がプロデュースする落語会で『味噌蔵』をやってくださいって言ってきました。「『味噌蔵』?」って言うと、「いいじゃないですか、あれは。お客さん喜びますよ。ものを食べたり、歌ったりする噺は」なんてことを、彼らしいっていうか、彼らしくないっていうか、言ってました。

帝劇でやっていたミュージカルの『ミス・サイゴン』を見に行きましょうって、声かけられて一緒に行ったこともあります。都はるみの復帰コンサートにも行きましたねえ。あんなに心を揺さぶられるとは思わなかった。今考えると、メロディーや言葉じゃなく、魂だったんでしょう。それまでは魂を乗せてるように歌ってるけど、そうじゃない。声や節回しを「どうだ!」って見せたい、はるみだったんじゃないんですか。そういうものを全部そっちのけにして、その中の魂だけを歌ってたと思いますよ、日生劇場では。見事でした。

あと、舞台の『濹東綺譚』。そのとき出てた藤間紫っていう人に、舌を巻きました。それまで私は、人の芝居や舞台を見ていなかった。自分をどうしようかってことばっかり考えてましたから。白井さんは、前々からいろんなものを見なきゃダメだよって感じていたんでしょう。白井さんが言うなら行ってみよう、っていう癖もつきました。

その後もずっと白井さんは、落語研究会で若い人にも「こういう噺をやんなさい」って言ってました。そのあとを継いだのが、今野徹さん。早逝されたんですけど、彼も白井さんの影響をうんと受けましたね。へえこらしない。地味だけど、ニコニコ笑うと愛嬌がある。今は彼の薫陶を受けた人がやっています。

白井さんは「違うよー」なんて、声を荒らげたことはない。なにか気に沿わないことがあると、ちょっと首をかしげて軽く首振って、いやあーなんてそれも声にならないくらい。人の耳元へ来て、小声でささやきかけるような、いやらしいおじさんだった(笑)。じわじわじわっと、下から来るような。ラッパ吹く人じゃなかったから、そういう意味で影響力が大きかったですねえ。

落語研究会には、白井さんのおかげで食いついていきました。そこでの私の噺は、DVDになって、それが文庫本にもなりました。私にとっては心おぼえのようなものですけど。落語研究会は、自分の勝負をする場所でありました。

十二、談志さんと志ん朝さん

古今亭志ん朝（左）と柳家小三治＝1982 年，
イタリア・コルチナダンペッツオで

立川談志、古今亭志ん朝っていう二人は、私にとってどういう位置づけだったんでしょう。

談志さんは、小さんの同門のすぐ上の兄弟子でした。志ん朝さんは、一門でもなんでもないんですけど、なんかうまくいってました。談志さんとはうまくいってないってわけでもないんですけど。まあ、微妙に違ってましたよ、談志と志ん朝じゃあね。もちろん人格も人柄もみんな別ですから、当たり前でしょうけど、あなたと私の間柄についてどう思うかなんてことをうかがったこともないですねえ。

談志さんは、ずっとあとになってから、人がいるところで「おれはずいぶんお前のこと、かわいがってたよなあ」って言うことがありました。あの人はいつも他人がいると、かっこつけたがる人でした。かわいがっているっていえばかわいがっていたんでしょう。兄弟弟子ですしねえ。ただ、あんまりまじめにお互いの立場とか、目指しているところがどう一致してどう違うのかっていう話は――世間ではいろいろ言ってたみたいですけど――、したことはありません。二人っきりで本心をひらき合ったら、はたしてどんなことを言うんだろうっていう興味はありました。あの人は世間を気にして生きてる人でしたからねえ。

志ん朝さんは、そういうことがなにもありませんでした。そこがやっぱり、あの人に対していちばん安心できるところだった。私もそうでしたから。世間の評判を気にするっていうのは、いい評判を聞きながら生きたいのかもしれないけど、私も志ん朝さんも、世間体を本当に気にしなかったから気が合ったんでしょう。談志さんとは、そういう点では気が合ったとはいえない。でも、おんなじ柳家に育って、どういう芸を目指すのを良しとするか、どういう芸が良くて、どういう芸はみっともないのかとか、そういうことについては、いつのまにか意見は合うようになってたんだろうと思います。それは、言葉の端々に感じました。

志ん朝さんとは、もちろん古今亭と柳家ですし、師匠も違うから、どこか違うんでしょうけど、あの人も圓生師匠を好きだったし、私も圓生師匠にいっとき非常に傾倒してましたから、芸のなにを良しとするかは傾向としては合っていたんでしょう。

かつてと比べると今は、とてもいいとは思えないようなものまで、世の中がいいって言うようになってしまった。話したり、意見を交換したりして、芸の目的とするところをひとつにしていると思えるような人は、もういない。そういう点では、談志さんとは世間では合わないように思ってるかもしれないけど、合ってはいましたね。

もともと談志さんという人はとっても手柄を大事にしてたし、国会議員になりたい、議員になればえらいっていう、そういう庶民感覚でしたから、どうしても違いました。私は、天皇陛下様って言ったり、権威や名誉を重んじていた親父に育てられたせいか、かえってちっともそう育たないで、賞状や勲章をもらったりするのをえらいと思ったことは、いっぺんもありません。むしろ、行き過ぎてそういうものに反発すら感じてましたけど、志ん朝さんは反発も感じなかったでしょう。非常にフラットで、まともな人だったんじゃないですか。平衡感覚っていうか。そういう点ではえらいなと思ってますよ。私みたいな意地っ張りじゃないしねえ。

志ん朝さんには、ゴルフも教わりました。三十代のころ、私はボウリングに凝っていた。あの人が「ゴルフやろうよ」って言ったとき、「今そんなことやってるヒマはねえ、ボウリングやってるから」。で、二人で言い合いになって、「ゴルフ、ゴルフって言うけど、金持ちのまねしてるだけじゃねえか、あんなものは。第一、自分のうちに庭がないからって、人のうちの庭借りて喜んで歩きまわっている。貧乏人のやることだ」って言ったら、「なに言ってんだ、お前んちなんか、自分んちに廊下がねえから、人のうちの廊下借りて玉ころがしてんじゃねえか」って言われて、まったくだなと思って、笑っちゃいましたけどね。そういうときに同時に笑える間柄ではありました。

ヨーロッパにスキーに行ったときも、志ん朝さんは付き合ってくれました。日本航空の仕事で、一九八二年でした。イタリアのコルチナダンペッツォ、今度また、二〇二六年に冬のオリンピックをやるっていうところに行きました。あの人は、ほとんどスキーをやったことなかったんですけど、お前が行くならおれも行くって。どのみち、スキー終わったあと、合流して行かなきゃいけない旅だったから、おれもって一緒に行ってくれたんですね。ローマのおんなじ店で、二人でスキーウェアを買って、出かけていったもんでした。

私はそこに五、六日いたんですけど、志ん朝さんは二、三日いてドイツのケルンに先に行っちゃいました。ドイツ語堪能でしたからねえ。それで私は一人でケルンに行くことになって、何日後かに会うんですけど、心細かった。こっちは英語も、今よりもっとなんにもわかんなかったし、ましてやイタリア語、ドイツ語もダメだし。言葉もしゃべれないのに乗り物を乗り継いだりして、やっとオーストリアに入って、また鉄道に乗っかってケルンへ、なんて……今こうやって思い出すだけで、とてもこわい。よく着いたよねえー。

ケルンは終着駅でしたけど、屋根のある大きなドームの駅に着いて降りたら、志ん朝さんがホームに迎えにきてくれてたんですよ。今、思い出しても涙が出ます。うれしかったねえ。会いたかったよーって。むこうも、うんと心配してたんでしょう。二人で抱き合って、喜びました。だから、きっと仲良かったんだろうと思いますねえ。あんなえらい人と仲が良かったなんて、おこがましくって言えないんですけど、まあ、仲良かったでしょう、きっと。

その後、「志ん朝・小三治」の落語会をやりたいっていうのは、会をやる人たちにとってはひとつのステイタスだったみたいですけど、なかなか実現しないんです。志ん朝さんのとこへいっても、小三治のところへいっても、なかなかイエスって言わない。だれかがあるとき、マネージャーをやってた志ん朝さんのカミサンに「どうして志ん朝さんは、小三治さんと一緒に会をやってくれないんですか」ってたずねた。そしたら「きっと、あの二人は芸が似てるから、二人ともいやなんでしょう」って言ったっていうんです。これは言い得て妙でねえ。へえー、そうだったのって私も思いましたけれども、むこうでもそう思ってたんですね。あの人と私は芸が似てたんですねえ。世間を見渡したときに、ですよ。熊さんは熊さんに、八っつぁんは八っつぁんに、大家さんは大家さんにと、その通り芸をやって噺を進めていくっていう方法が、どうも世間では珍しかったみたいなんです。

なんか違ったことして笑いを取ろうとか、自分の特徴を出そうとかって、やってたんじゃないでしょうか。志ん朝さんも私も、「笑点」でやるようなことはやりませんでしたし、素直にやってたっていう点は、似てたのかもしれません。ちゃんとやってる者どうしが会をやったって、おんなじじゃねえかって、きっとあの人もそう思ってたんですねえ。あの人からは聞いていないけど、カミサンがそう言ってたっていうから、夫婦で話してたんでしょう。なんか、聞いてほっとしました。それ以外は芸のことはあんまり、しゃべりませんよ。お前はああいう芸だから、おれはこういう芸でいくとか、そんなことは言わないですね、どんな人とも。扇橋とも言ったことないです。

みんなは志ん朝さんの口調に注目するけど、私は口調の奥にあるものを見ようとした。これは、だんだんその後になって気がついていくことですけど、芸の本域、芸の奥の院、神髄っていいますか、中身は結局、そこなんです。表面に表れているところより、その奥にあるものがなにかっていうことです。表面に見えているものだけで世間は評価をして、感心をしたりしなかったり、で終わってしまうんだけど、そうじゃなくて、そのむこうにある奥でどんな会話を登場人物がしているのか。まあ、最後はそこなんじゃないですかねえ。そうすると、そこに演者の個性っていうものが、いつのまにか感じられるようになる。演者の個性が好きだからっていうんじゃなくて、その奥をのぞこうとしていると、いつのまにか演者の個性に動かされているっていう……ちょっと難しいんですけど、これは。

表面の口調とか言い回しとか、こんなことをあの人は言ってるけど、この人はこういうことを言ってるっていう、せりふまわしだけで評価する。いわゆる評論家って言われるような人たちも、みんなそれですよ。そうじゃないんです。その奥に噺の神髄ってものも見えてくるし、このしゃべり手はなにをもって良しとするか、なにをもって人間の素晴らしさを感じるかっていうことかな。

なにも口では言わない。知らないうちに聞き手の中にしみ込んでくる。そこまで行けば芸だと思うんですね。そこまで、五代目柳家小さんっていう人は行ってたなっていうことを、小さんの晩年になって私は気がつくんです。それまでは、わからなかった。ほんとにわからなかった。

私はやっぱり口調じゃなくて、中に秘められている人柄、立場、そういうもので噺をしてかなきゃあ、人を動かすことはできないんだなってことに、まあ、気がつくことは気がついたんです。それができるようになれば、いつ死んでもいいってなるんでしょうけど、まだいつ死んでもいいとこまでいかないねえ。うーん、まだまだ。あと二十五年ぐらいは欲しいね。

志ん朝さんは、若いころのテンポのいい口調のままでは、いつかいけなくなるだろうということに、晩年、ちょっと気がついてきたようでした。どうすればいいのかわからないけども、これじゃダメだなってことを、感じ始めてました。それだけでも私は、えらいなと思いました。闘ってるなって。闘ってれば、そのうち答えが出てくるんですよ。闘わないやつはなにも出てこない、と私は信じてるんですけどねえ。

口調だけに頼らずにといっても、ほとんど変わらないんです。でも、なんか噺の中の人物の心で噺を進めていくっていうことが見えてきた。そのことは、志ん朝さんとも話をするところまでは行かなかった。そんな肝腎なところは、ふれあわないものですよ。ふれあったら意識しちゃって、ぎこちなくなっちゃうからね。言われたくないし、言いたくもない。

談志さんには、これは言ってもわからないんじゃないかなあ。あの人を心底ひっくり返して説得しなきゃなんない。有名になりたいとか、議員になりたいとか、小三治になりたい、小さんになりたいって、そういうことがなかったら、あの人はとんでもない人になっていましたね。あの先、どうなったんだろうっていう思いはあります。若いときから口調もしっかりしてたし、言うことや考えてることもはっきりしてたから、まともにやってまともにおもしろい人だった。落語がおもしろいんですから。みんななかなかその技量がないから、ふざけてみたりギャグを入れてみたりするわけでしょう？　そういうのを入れるのが絶対いけないとは言わないけども、それだけに頼ってきた人たちはどうなったかっていうと、みんな哀れな最後を遂げるわけです。

あるとき、吉原の「鈴音」という店で、私がカウンターのところでめしを食っていたら、奥で志ん朝さんが座長をしていた「住吉踊り」の連中が、一杯やってた。私は酒飲まないから、声もかからないし、声かかったって行かねえのわかってるから、誰も声もかけてきませんけど。そこへ「談志さんが来るそうだ」っていう情報が入った。そうしたら、そこにいた志ん朝さんのところの若い者やなんかが大変でした。上を下への大騒ぎ。中には「あの人が来るなら帰る」って帰っちゃうやつがいたし、「なおさらここにいる」ってやつもいた。

談志さんが入ってきて、「おう、なにやってんだよ」「めし食ってんだよ」。「一緒じゃねえのか、あれとは、美濃部（注：志ん朝の本名）とは」って言うから、「奥にいるよ」って。私はそのまま、めし食ってたわけです。奥でわっとひと騒ぎがあって、話の区切りがついたのか、すきまを見つけて談志さんが私のところへきて、「お前よう、美濃部は、あんなんでいいのかよ」って始まったんです。「なんだ、あんなんでいいのかよって」「だから志ん朝は、あんな噺しててていいのかよ。あれでいいと思うのかよ」「いいじゃねえの」って言った。「ほんとにそうなのか？」「ほんとだよ。だって、みんなそれぞれ違うじゃねえの。談志は談志、志ん朝は志ん朝、みーんな違う。みんなそれぞれ好みが違ってて、それでいいんじゃないの」って言った。そしたら、談志さんは不満なんだね。「あんな、なんでもおんなじような調子ではなしてて、噺になるわけねえ」とか、そのくらいのことを言えば、談志さんの思うつぼだったのかもしれませんけど、私はそうは思わなかったしねえ。時々はもがいているのを見てましたから。それより、お前はどうなんだって言ってやりたかったけど、おれ、兄弟子じゃないしねえ(笑)。

志ん朝さんが亡くなったのは、二〇〇一年の十月でしたか。あの人は、今考えてもずーっと輝いていてほしかった。いずれ、志ん朝さんが落語協会の会長になって、自分が副会長となって補佐すると考えてました。世間からも、落語協会の中でも「落語っていいもんだねえ」っていうことを、しみじみ知ってもらいたいって思っていた。それがいいことだってわかれば、きちんとした体系っていうのができるんじゃないかって思ってました。

今はただ、石炭殻をばらまいたみたいなもんで、それぞれの「個性」があっていいって見えるかもしれないけど、なにか「芯」になるモデルがあるから「個性」と言えるんで、ただバラバラだと、みんなゴミっくずになっちゃうんじゃないかねえ。芯がちゃんとあるから、ゴミもあったり、それぞれの良さが光るわけで、みんなゴミっくずになったら、それで安心するのは、ゴミっくずのやつらばっかりですよ。それを高いところから、あるいは広い目で見ている人たちからは、くずがいっぱい落ちてるなでおしまいになっちゃう、ということかな。

志ん朝さんは、そういう「芯」になるような器でした。談志さんも、家元になりたいとか議員になりたいとかっていう、つまらない希望なんか持たなければ、「家元・元祖」って言われるようなものに、知らずのうちになれるような人だったと思いますよ。

十三、会長、国宝、そして大手術

落語協会会長交代の記者会見．柳亭市馬（左）と柳家小三治
＝2014 年 6 月，浅草で

なぜ落語協会の会長を引き受けたのか。その当時（二〇一〇年六月）、ひとさまからもずいぶん言われました。やる以上はその任を全うしなければいけないとは思ったんでしょうけど、今振り返ると、なんで引き受けたのか。

私の前任の会長、（十代目鈴々舎）馬風さんが、「やっぱり、お前（会長を引き受けるのは）ダメか？」って言ったんです。一応、私に断りを入れたっていうんでしょうか。私がやるって言わなければ、彼の中では別のやつにやらせようっていうアタマがあったんでしょう。で、私は断るに決まってると思っていた。でも、一応言っとかなきゃと思ったんでしょう。

その気持ちが見えましたから、「やるよ」って言ったんです。誰にまわされるかわからねえっていうことも考えました。一応、私の中には落語協会の秩序っていうのがありましたし、馬風さんのやり方と私が考えているやり方とは、心の底では違ってましたからねえ。いつか元へ戻さなきゃなっていう気持ちもありました。「やっぱりダメか」って言ったのは、むこうにもなにか含みっていうか、思惑があったんでしょう。「やだよ」って言うだろうと思ってたんでしょうね、私の性格知ってますから。それが「やるよ」って言ったんで、「えっ、やるのか」ってびっくりされちゃった。

馬風さんの芸と私の芸を比べてみれば、どういきたいかがわかると思います。やっぱり会長は「その通りやれ」とは言わないまでも、ひとつの生きたモデルですから。どこかでこの人のようにやらなきゃなって思う、そういう空気が、会員の中、とくに若い人の中には伝わっていったと思います。

会長は、(三代目三遊亭)圓歌、馬風って続いてきたわけですね。その流れの中で、誰かはわかりませんけど、新作じゃなくて古典の人へバトンを渡してもらわないと、落語協会も形がぐずぐずになっちゃうんじゃないかっていう恐れが、そのころ私にあったんでしょうか。だから、大変だなとは思ったけども、思い切って、えいっ、やるよっていう覚悟のほどがあったんだと思います。いっぺん、ちょっと空気直しとかなきゃって。ほんとうは一期二年でやめようと思ったはずなんですけど、二期四年やりました。

会長の仕事は「いい人をいい」って言うだけですね。いい人を見つけ出すってことは考えてました。若手の噺を聞くのは、会長になる前からやってました。楽屋にいても聞いてるとか。こいつは誰の弟子なんだとか、そう思って耳は傾けてました。私は小さんの弟子ですから、師匠とおなじで自分の弟子を重用しようっていうアタマはありませんでした。でも、そのころの噺家で、そうしてるのは小さんだけだった。

二〇一二年三月、真打に抜擢した春風亭一之輔のことは、「いいかもしれない」と思いました。まあ、あの中では光ってた。その後、彼なりに苦労も努力もしてるんでしょうけど、私から見れば、もっと努力もしてもらいたいし、血の出るような苦労をしてもらいたい。人間的なところ、噺家は結局、そこですから。いつか自分でもがいてつかんでくれればいいな、と思っています。基本的にはとてもいいものを持ってるし、人にはまねのできないようなスケールの大きさもあるし。

まわりの人たちがほめそやして、自分もそれに甘んじてしまう。それをやってるとおしまいです。自分から求めていかなきゃならない苦労っていうのは、そこから先にあるんです。つらいですよ。でも、そのつらさを突き破っていくのはとっても楽しいものです。まあ、一之輔は彼なりにつらさも、くやしいこともあるんでしょうけど、いちばんつらいことをやってもらいたいねえ。できる人だと思うから。

そして、自分の指導者や、ひいきのお客さんは自分が選ばなきゃ。そういうことも含めて、全部その人のセンスですから。そうすると、より一層厳しくなる。つらくなる。でも、そこを突き抜けていかないと一人前にはなれないんじゃないか。代々語り継がれていく人にはならないんじゃないかなって思いますね。自分にはそんな力がないのはわかってますから、あとの人でこいつはなんとかなりそうだって思う人がいたら、スポットを当てて引き上げたいと思うんですよ。

会長を引き受けなきゃまずいなと思ったのは、そういうこともありました。歌うたったり、声帯模写やったりしてるのは、冗談としてはいいんですけど、あとに続く者がそれをやってちゃ困るんです。その前になにが大事かっていうことを、肚にこたえてもらいたい。落語のおもしろさは歌とか声帯模写とは違って我慢がいるんです。我慢をしながら歯を食いしばりながら、頑張るってことをしてもらいたいね。

二〇一四年六月、私の次の会長をなぜ(四代目柳亭)市馬にしたか。まず、とんで若い人にしたかった。私のすぐあとに続く人で、この人、あの人ってみんなが指折って推すような人もいたでしょうけど、私がいるあいだじゃないと、その人たちをとばせないから。私も含めてよどんだ人たちは、自分自分で力を発揮してればいいんです。なのに、つい自分がこのあとの会長かなって思ったりする。だけど、会長になったってなんにも芸は始まんないんですよ。芸がよくなりたければ、自分でよくなればいいんです。まあ、肩書がほしいわけでしょう？　私は肩書、全然ほしくなかったから、なおさら言えますけど。だったら、もういっそのことポンと若い人に渡そうって思いました。

市馬は、「市馬」という名前になる前から、素直に噺を広げてやっていた。歌はのぞきますよ。歌は私の物まねとおなじで、あってもなくてもいい。ないほうがいいくらいです。でも、それが売り物になっている。そこなんですよ。自分で自分に苦労をさせて、なんとかもがいて切りひらいていかないと、楽な方、楽な方へ行っちゃうんです。つらい方、つらい方へ行ってほしい。陰気にもなりますよ。女にも逃げられます。でも、自分はいちばんなにが好きなのか。会長なんですから、落語に邁進してもらいたいね。

私が人間国宝になったのは、たまたま通りがかったら、「ちょっとお前」と言われた。そういうタイミングだったんでしょう(二〇一四年七月)。

直接の理由は、電話をかけてきた文化庁の係の女性が「お願いですから受けてくださいよ」って言うんです。「いいよ、おれ、そんなもの」「困るんです、受けてもらわないと。私は賛成に一票投じたんですから」って、泣きつかれちゃったんですよ。

私、女に弱いですから、泣きを入れられたら、そうかいって。バカですねえ。じゃあ考えとくからって（笑）、「絶対拒否」をやめたんです。その女性は、私を国宝にしたいなんて思ってなかったかもしれないけど、議題が出たときに、この人を国宝にしようっていう方に回っちゃったんでしょう？　で、賛否両論の中で、賛成に回っちゃったんでしょう？　たすけると思って受けてくださいよって。女をたすけないわけにいかないでしょう、鞍馬天狗としては。宮本武蔵ならそうは言わないけど。

そこが難しいんです。私には座右の人として、鞍馬天狗と宮本武蔵がいるから。鞍馬天狗は、近藤勇に「あなたは、世の中の移り変わりを見ないのですか？」って言いますね。宮本武蔵はそうじゃない。天下に道はただひとつ。どうです、この矛盾。私はそのとき、鞍馬天狗になっちゃった。それがいちばん大きいですね。

二〇一七年の八月には、頸椎の手術をしました。五月の上席、一日から十日まで例年のように浅草演芸ホールの昼間のトリをとったんですけど、五日目ぐらいから右手が動かなくなった。右手で茶碗をとってお茶を飲むっていう所作ができない、というのが最初でした。しょうがねえから左手でお茶を飲む。高座では、私の右側に茶碗を置いて右手でお茶を飲むのが当たり前の形ですけど、それができないととても不都合に思えた。それから、ちょいちょいやる『小言念仏』なんかも、右手で木魚を叩く仕草があるんですけど、それができない。これはいかんなと思いました。なんとかかんとか右手はほとんど使わないで、楽日まで行きましたね。

ほっときゃあ、そのうち治るかと思ったら、一向に治る気配がない。困ったなと思って、リウマチの先生にかかったのが六月でした。リウマチ整形の先生でも埒が明かない。脳神経、整形外科と診てもらったら、頸椎が原因だとわかりました。東京の病院で手術日も決まって、そこでやるんだって思ってたら、突然、娘から電話がかかってきて、「この先生がいい、テレビで名医を紹介してた」って言う。その勢いに押されて、セカンドオピニオンもいいかなと思って、七月の終わりにその先生に会いに京都へ行きました。で、先生と話をしたとき、なんの迷いもなくお願いしようって思えた。話だけ聞いてみようと思って行ったわけですけど、話を聞いているうちに、あっ、この人だなって思いました。ダメならダメでいい、と思ったんです。

八月十八日に入院して、二十一日に手術をしました。麻酔のため、綿を口にくわえて、そこに薬が沁みてたのかもしれないけど、「深呼吸してくださーい。眠くなりましたか?」「全然」「じゃあ、もういっぺんやってもらいますけど、今度は、全部吸い切らないうちに眠りますよ」って言われた。「なに言ってんだ、この人は」って思ってたら、ほんとに吸い切らないうちに寝ちゃったんです。あとは全然おぼえていない。

そこに至るまでも、リウマチをはじめ、つねに病気を抱えてましたから、昔と違って死はこわいと思わなくなっていました。もっと生きてて、いい芸になりたいっていうのはありましたよ。いつまでって終わりはないものだけど、生きてる限り今日よりは明日、明日よりはあさってっていう思いだけは強くありました。それだけで生きてきたようなもんですからねえ。

だけど、麻酔がきく瞬間、最後にひと吸いするとき、ああ、これでお別れなのかな、さようならっていう気がどっかにありましたね。

手術のときは、痛いもつらいもありませんでした。終わってからは、まるで痛い。腕が動かないし、落語やるにも不便だなと思いました。酒を飲む手つきができない、お酌をする徳利も持てない。箸も持てないからそばも食えない。もちろん『小言念仏』もできない。だからって、生きててもしょうがないとは思いませんよ。いざとなりゃあ、左手で木魚をたたけばいいんだって思います。昔、右手が腱鞘炎かなんかで利かなくなったとき、左手でやったこともある。そしたら、まるでできなかった。リズムが取れない。せりふを言いながら木魚をたたく仕草が、こんなに至難の業だったのかと、そのとき初めてわかりました。おぼえ始めのころは、木魚でリズムを取りながらしゃべるのを少しずつ少しずつやって、だんだんやれるようになっていたんでしょう。で、気がついたときには、自然に自分のリズムになってましたから、芸っていうのはなかなか恐ろしいものだなって思いました。

その病院はリハビリがないんです。それより歩け、京都は見るところたくさんありますよって言う。首にコルセットをつけて、次の日から歩かされました。病院のまわりにはコルセットをした患者さんがいっぱいいて、コルセットをしている人と挨拶するんです。「どーも」って。看護師さんが「日ぐすり」って言ったんですけど、日を追うごとによくなる、いい時間が増えていく感じでしょうか。東寺や京都御所にも行って、最後は鞍馬寺や大原の三千院に行きました。

三千院は、やなぎ句会の仲間、永六輔さんが詞を書いた「京都、大原三千院」っていう歌『女ひとり』を聞いてましたから。大原っていえば、よっぽどのんびりして静かで広い大きな原っぱがあって、大原女《おはらめ》が「なんとかはいらんかねー」とか言って歩いているところだと思ってたんです。永さんにもちょっと敬意を表しておこうと思って行ったら、とんでもねえ山また山。うそつきだねえ、あの人は。

鞍馬山は、タクシーで行ったからっていうこともあるけど、簡単に行けちゃったともいえます。ほんとに道がよくなっていて、義経には悪いねえ(笑)。あんな山奥の、鞍馬山よりもっと奥に住んでいたのが、わざわざ五条の橋まで出てきて欄干の上を飛んだり跳ねたりして弁慶をあざ笑った。それが有名になった。だから、あんなに簡単に行けちゃあ、申し訳ないんだ。でも、自分の紋付の紋にもしている、「天狗の羽団扇」の鞍馬寺ですからね。まあ、望みは果たした。最後の最後、鞍馬寺の団子屋のおかみさんに「師匠、こんなところまでわざわざ来ていただいて」って言われました。

三週間して退院したときは、とても痛い。痛いといっても切ったところが痛いんじゃなくて、首の重みを支えるために肩や背中が凝るんでしょうね。しばらくやらない間に噺を忘れちゃうんじゃないか、っていう不安もありました。忘れるっていっても、もともとしっかりおぼえた噺はない。大体こんなもんじゃねえかっていうものに肉をつけ、皮を張って、なんとかそれらしいものを演じてたわけですけど。

退院から五日後の九月十三日、岐阜県の多治見市で高座に復帰しました。舞台の袖から座布団までたどりつけるかしらって思った。何をやろうかは考えましたよ。おれのおしまいの高座になるかな、とも思いました。で、『粗忽長屋』。前座のころにおぼえた、自分の中にある落語らしい落語の理想。「柳家の十八番」といっていい噺ですかねえ。

あの噺でよかったと思う。昔から伝わってきた噺は、おもしろさが凝縮してますね。余計なことを考えずにその世界に入っていけます。お客さんの反応は夢中でよくわからなかった。どうなっちゃうんだっていうところもありましたけど、あの日の『粗忽長屋』、おもしろかった。

落語はくり返しやっているから、慣れて、飽きてきます。すると、当然、それが表へ出てきて、お客さんもつまらなくなっちゃう。私も聞いてて、そう思います。で、落語をおもしろくやるコツ。「秘中の秘」ですねえ。でも、誰に言ってもいいんですよ。

私の師匠の師匠、四代目の柳家小さんは「落語は初めて聞くお客さんにしゃべるつもりでやれ」

って言った。そんなことといっても、しょっちゅう来てる人もいるし、無理じゃねえかって思ってました。でも、なんとかそれに徹しようと、一生懸命やろうとしてました。

あるとき、はっと思ったから、よほど追い詰められていたんでしょう。

「客もよく知ってる。はなし手もよく知ってる。だけど、噺の中に出てくる登場人物は、この先どうなるのか、なにも知らない」。これには勇気をもらいました。そう思ってやると、いつもやってる噺じゃなくなる。なぞることをしなくなる。しゃべるっていうより、その人にまずなるわけでしょう？　今日の八っつぁん、今日の熊さん、どう？　って。いつもとおんなじかもしれないけど、心が違う。この言葉の力は大きかったな。

まあ、これが病気で「大惨事」になり損なった「小三治」の、今ですかねえ。

十四、『青菜』と『厩火事』

マクラでお客さんをわかせる＝2017 年 8 月，
有楽町で．写真提供：朝日新聞社

なんか賞をもらったとき、私の『青菜』がいいからっていうのが、受賞の理由になったことがありましたねえ。なんだったでしょう（注：二〇〇四年、芸術選奨文部科学大臣賞。「『青菜』をはじめとする滑稽噺で、飄々とした芸風に風格が加わった」）。

その賞は、芝居噺とか人情噺とか、いわゆる大きな噺をやった成果に対して与えられることが多いなかで、『青菜』でもらったのがうれしいって言ってくれる人がずいぶんいらっしゃいました。私もそれでもらえるとは思わなかった。まあ、賞もらいてえと思ってやった噺なんて、ひとつもありませんけど。

ただ、この噺はこうやったほうがいいんじゃねえかなっていうことは、どの噺にも思ってきました。結果的に『青菜』の場合は、聞く人にとっては大きな花を開かせたっていうことかもしれません。喜んでくれる人も多かったし、ともすれば人情噺をやってればえらいっていう風潮があったのが、滑稽噺での受賞という道を開いた点ではよかったなと思ってます。

話は違いますけど、数年前（二〇一六年度）、文化勲章を作曲家の船村徹さんがもらうなんて、思いもしませんでした。音楽部門は、クラシックだと思ってました。「吹けば飛ぶよな将棋の駒に」

（『王将』）とか、歌謡曲ですよね。だから、船村さんの受章はほんとにうれしかった。ああ、日本もやっと夜明けが来たなと思った。

『青菜』にも、ちょっとそれに似たようなことを感じました。まあ、賞なんかどうでもいいと思ってんだけどね。でも、お客さんで、ほんとに落語を好きな人が『青菜』でもらうのはうれしいって言ってくれたのは、うれしかったです。

どこがおもしろいんでしょう。お屋敷で、そこの旦那と植木屋さんが酒を飲んだりなにかを食べたりいろいろとあって、やがて場面が転換されて植木屋の家に変わる。すると、お屋敷であったことがすべて、もういっぺんくり返される。よく出来てるなあって思います。

そこまでよく出来てる噺と思ってやってる人がどのくらいいるかわかりませんけど、たいがいの人のを聞くと、ある一点だけをおもしろがらせるために、あの噺を進めているような気がした。私もわからなかったけど、やっていくうちにとうとうこんなにおもしろくなっちゃったよ、っていう噺です。

素人のときからも聞いてるでしょうし、先の（六代目春風亭）柳橋師匠や、いろんなかたのを聞きました。それぞれおもしろいところは違ったと思うんですけど、ほんとにおもしろいなと思ったのは、自分でおぼえようと思ってやり始めてからです。首突っ込んでみると「おもしれえな、この噺は」とあらためていろいろ発見していった、っていうことですかねえ。

今やってても自分でおもしろいと思うのは、植木屋のかみさんが押し入れから汗だらけになって出てきたのを見て、友だちの大工が「おめえたち、二人でなにやってんだい」って言うところ。あの、二人でなにやってんだいっていうのは、私が考えた、つい出たせりふなんですけど、おかしいですねえ。結局、人間は何年生きたって、大人になったって、子どもの「ままごと」とおんなじなんだ、それをただ繰り返して生きていくだけなんだ、っていうことにもつながってるんでしょうか。

登場人物の仲が悪くて笑わせる噺はいくつもあると思いますけど、仲がいいためにあんなに笑っちゃう噺はない。あったかいですねえ。植木屋と大工の遠慮がない、思ってることをそのまんま言える関係ですね。下町の庶民の心やすい、許している感じ。あれが友だちっていうものの、本来の形じゃないんですか。私と扇橋はいつもあんなことを言ってましたから、まあ、扇橋に礼を言わなきゃいけないね。

後輩たちの『青菜』を聞いても、おしまいのところばっかりおもしろがって、笑わせようとしています。「あれは、お屋敷の景色や様子が全部、手短なうちにきっちり出てこないと、あとの笑いは誘わないよ。お客さんから喜んでもらえないからね」って言うんだけど、あんまりわからないみたいです。

受けるところは受けたいとか、短い間でわっと笑わせるとかいうもんじゃないんだということは、私がこの世界に入ったころから言われてました。「そこがおかしいから笑うんじゃなくて、その前があるからおかしいんだ」っていうのは、いまだにこの世界に入ってきた人たちはわからないんでしょうか。歴史はくり返されちゃうんでしょうか。もったいないですねえ。

伏線を敷くのも、順序だった言葉とか、そういうことではないんです。それより、自分のお庭のデザインなり、吹いてくる風の匂いなり、色なりがちゃんと見えてれば、自然にそういうものが噺に出てくる。そういうものがちょっと見えただけで、庭全体が見えてくる。そのためには、庭の設計図が自分の頭の中に出来てなきゃいけない。どこかに行って「ここみたいなお庭かな」とか、ふだんからそういうものを拾い集めて、頭の中に入れておく。それを思い出そうとすると、その景色がふわー、ふわーって出てくる。

私の場合だと、あすこの庭に百日紅《さるすべり》っていう木があるとすれば、自分が見たいちばん古い百日紅はどれだろう？ って考える。子どものころ住んでいた家の、通りを隔てた向こうに、百五十坪ぐらいのお屋敷があって、そこの庭に百日紅がありました。その木を思い出す。小さいときの記憶とか、どこか行ったときの記憶とか、今まで見たものが思い出されて、ひとつの庭に出来上がっていく。庭の池や橋や石灯籠なんかは見たものでもいいし、想像でもいいし、組み合わせでもいい。大切なのは、自分でそういう景色がつくり出せる想像力かな。

で、見たからって、これを『青菜』のあの場面に使ってやろうっていうんじゃなくて、そういうものを、なんとなく頭の中に漂わせておけば、せりふとして固めていなくてもいい。「庭の青いものに滴が落ちて、そこを通してくる風なぞは涼しいな」と言ったときに、どんな木のそばをかすめて来る風なのか、どんな青い木なのか、葉っぱの重なり方はどうなのか。理屈じゃなくて、まぶたの裏の景色っていうか、そんなものをかすめて来る風が、吹けばねえ。

ぽつ、ぽつって言った中で、そのぽつとぽつの間を埋め尽くしていく景色がお客さんの頭の中に自然に広がっていけば、最高でしょう。お客さんと演者の間合いと間合いがうまく合ったら、そういう景色が見えてくるんじゃないですか。そうなると、落語はやるほうも聞くほうも醍醐味がありますよねえ。落語は背景もなんにもない。なんにもないってことは、なんでもあるってことにも言い換えられる……んじゃないかなと思うんだけど。なんか、こんなこと言ってると、すごいみたいだねえ。すごくないよ、おれは。

若いころは、人情噺をやるために噺家になったと思ってました。入門して初めての「小さん独演会」が人形町末廣であったときに「新しい弟子を紹介します」っていうんで、そのときは三人か四人いたんですけど、「君はどういう噺家になりたい?」って聞かれて、私はためらわずに「人情噺ができる噺家になりたい」って言ったんです。傍若無人でしたねえ。小さんの家の弟子になって、いきなり人情噺がしたいっていうのもねえ。でも、私の中では自然な答えでした。

このごろになってわかります。私にとっては滑稽噺も人情噺も芝居噺も区別はなんにもない。人情噺だから、いかにも深刻そうなとか、悲しそうなとか、感動的なものを求めるっていうように私も思ってました。でも、違うんじゃない? なんでもない噺をふつうに聞いてて、へえー、そうなのかっていう感動が、人情噺っぽいものなのか、滑稽噺っぽいものなのかなんじゃないですか。だから私は、落語家っていう呼び方より、噺をするやつなんだっていう噺家っていう呼び方が好きですね。人情噺に対する見方が、変わってきたんでしょうか。まだまだ何十年か生きるつもりでいますから、そのあいだにどう心変わりをするかわかりませんけど。

私の『芝浜』は、年を追うごとに淡々としてきている？　そういう方向でいいと思います。しかもそこから、ああ、ほんとはこうやりたかったんだっていうものが発見できれば、それを良しとしますね。刀や飛び道具を持たなくても闘える相手とは、持たないで闘ったほうがいいっていう、武士道の基本でしょうか。刀や飛び道具を持って、なにがなんでも敵をやっつけなきゃって、若いうちはそうだったのかな。柳家の小さんのところでは、無駄な動きはしないように、無駄な口はきかないように、っていう傾向がありますね。そういうものを自分も大事にしてきたんだな、ってことは感じます。

『芝浜』の終わり、大晦日で笹の葉が鳴る音のところが、お聞きになった方の印象に残ったなら、それはよかったんじゃないですか。最初は、残るようにと思ってやり始めたんだと思うし、あれは（八代目）三笑亭可楽という師匠がおやりになっていたのをいただいたんですけど。私にとっても、笹があって、それが風でさらさら音を立てるっていうのは、いかにも年越しの静かな時間を感じさせてくれるっていう点で、好きな道具立てですね。

『厩火事』っていう噺も、好きです。これが私の人情噺だっていうのは『厩火事』ですね。ざっと見まわしてみて、最高の人情噺だろうと思うんですよ。わざと困った状況とか、かわいそうな状況とかに追い込んで、最後にほろっとさせたり助けたりして、聞いてる人をほっとさせるほうが向こう受けはするでしょう。もともとはそういうのも好きなんですよ。映画でもなんでもね。

でも、落語っていうシンプル芸は、いろんなものを極力おさえてお客さんを感じさせ誘導していって、最後にほっと安堵感を感じさせる。それはほかの芸能にはない。「ああ、やっぱりやっててよかったな。惚れ込んで入ってきたのは、これだったのかな。無駄じゃなかったな」って感じるのは、そういうときですね。

理想の女性像を落語の中で挙げるとすると、昔は『厩火事』に出てくる髪結いのおさきさんでした。昔はっていうのは、どういう女性を良しとするか、かつての自分に立ち返るとっていうことです。おさきさんという存在は大きかった。このごろは自分のおさきさんになってきましたけど、ひところどうやったらいいんだろうって思うときは、ふさわしいと思う人をあてはめて、その人におさきさんになってもらいました。噺の中ではなしかけるときも、年格好や背格好も、その人だと思ってやったり取ったりするのが、実在感があって好きでした。おさきさんが、ほかの噺で違う役をやったこともあります。『初天神』のおかみさんの役になってもらったときもありました。いい人だなあっていう人がいたら、その人を役にあてはめてみる。そういう人が出てきたときやピタッとはまったときは、いやあ、今日は生き生きしていい噺になったって思うこともありました。

おさきさんが、なんとなく別格の女性になっているのは、私の長女は千果《ちか》っていうんですけど、最初は「さき」っていう名前にしたかったんです。呼びやすいし、身近なので。ところが、どういう字を当てはめたらいいか、漢字が思い浮かばない。ひらがなか、カタカナで「さき」っていうしかない。しょうがねえなあ、なんかねえかなと思っていたら、ドラマかなんかで「おちかさん」っていう登場人物がいたんでしょう。そのおちかさんの名前をもらってきて、「ちか」ってつけた。世間にある「おちか」さんじゃあ、その人たちとダブっちまうから、違う字を使おうと思って、「千」という字と果物の「果」、たくさん果物がなるようにって「千果」という名前にしました。

その伝で行くと、次女は十二月に生まれました。「果」を使って、冬に生まれたので「冬果《ふゆか》」っていう名前にしたのが今、文学座にいる冬果です。

長男は尋嗣《ひろつぐ》。私の本名は郡山剛蔵といって画数が多くて、書くとき、ほんとうにいやだなって思ってました。そのいやだなっていう抵抗感を、長男に受け継がせてやろうと。それを乗り越えてなんとかなってくれたらと思った。ほんとは柳家三三《さんざ》じゃないけど、簡単に「三三」とか、「一二」とかでよかったんでしょう。でも、なんでおればっかり苦労するんだろう、それを越えていきゃあ、なんとかなるんじゃねえかと思ってつけてみたんですけど、まあ、あんまり効果はなかったですね。

十五、弟子たち

「しろくまピース」に会いに行った小三治一門．前列左から柳家〆治，禽太夫，中列左から福治，はん治，三之助，小三治，一琴，三三，後列に柳亭燕路，最後列に柳家小八＝2018年5月，愛媛県砥部町の県立とべ動物園で

私は自分のことに精一杯で、余裕のない一生を過ごしてしまいました。それは私の育ち方、育てられ方に大いに関係がある。自分の弟子や孫弟子ができたとき、なかなかやさしくしてやることができなかったのは、そういうこともかかわっていたかもしれません。

ＴＢＳの「落語研究会」をやっていたプロデューサーの白井良幹さんに、「もっと、お弟子さんのことを考えて生きてくださいよ」って言われたことがありました。「な、なんですか」「どこかの会に出るとき、お弟子さんをそこに登用するとか、一門会をやるとか、親子会をやるとか」って言う。「いや、えらくなった人や、うまくなったひとかどの人なら、そういうことはあるだろうけど、おれみたいなぺーぺーが一門会だ、親子会だって、冗談じゃねえや。そこまで行ってねえ」って言ったら、「そんなことありません」って。結構素直な人でしたけど、そのときは詰め寄ってきましたね。「それをやんなきゃ、もうダメです。そこまで来てるんです」「来てねえよ」「来てますよ」。そんな一ページがあってから、白井さんの言うこともっともかなあって思って、少しはそういうことをやるようになりました。

おととし（二〇一七年）の八月、私が頸椎の手術をしたせいで弟子たちが集うことが多くなって、その姿を見てるとなんだか胸が一杯になりますねえ。入ってきたときのあのはなたれ小僧が、使いものにならないだろうって思ってたやつが、かえっておもしろい使いものになってて、へえー、そうかいと見直すようなことが多いです。

それぞれ、ああなりたい、こうありたいっていう望みもあったんでしょうけど、肩書や賞をもらったとかいうことに私はいちいち喜びませんから、張り合いはないと思いますよ。でも、それでずっと過ごしてくると、いつの間にか人間としてどうあったら素晴らしいかとか、どう生きてったらいい芸が出来るだろうって考える人になってきたかなって。そういうものが垣間見られると、世間の人は拍手しなくても師匠の私としてはうれしい。ほっとするっていうか、よしよし、よかったなあって思えます。まあ、楽しみにしてますね。

弟子の喜多八(二〇一六年五月十七日、がんで逝去)は、やっかいなやつでした。「おれは出来る。おれはわかってる」というプライドっていうか、おごりがとても強かった。大学に八年いて、落語研究会と書道部にいました。書道を習っているのなら、自在さや明るさやつらさまで字に出てくるはずなのに、なんにも出てこない。一つの方法を考えると全部その方法で片付けて、人から「喜多八さんは字がうまい」って言われて満足してた。違うんじゃねえかってことは時々言いました。でも、耳を傾けることはなかったですね。「いいんです。私は私でやってるんです」みたいな、そのひねくれたところがおもしろいって、持ち味にはなってましたね。まあ、それはそれでもいいと思うんです。

私もあいつも、学校の先生の子どもだったということも関係あるかもしれません。教える、教えられる世界にいるやつは、素直になれない？　私も身におぼえがないわけじゃない。あいつはあまり近づいてきませんでした。けむったい、悪く言われるのがいやだって。いやに決まってるんですよ。だけど、言われることによってそこをくぐり抜けると、明るい世界が待ってるっていうところまで行かなかった。

肩肘を張って生きてる頑なさの反面、弱さをいつも持っていたんじゃないですか。それであいつを愛する人が多かったんじゃないかなあ。ほんとの意味で立派だったら、あんなに人は寄ってこなかったと思う。逆に言えば、こんな人でもやってんだっていう愛され方かな。これからの私の生き方の指針になりますね(笑)。

喜多八が本を出したとき(『柳家喜多八膝栗毛』まむかいブックスギャラリー)、まさか言ってくるとは思わなかったけど、「帯」を書いてくださいって頼んできた。あいつは自転車が趣味ですから「喜多八　お前　この本で自転車　買うのか?·」って大書しました。そしたら、すごく喜んだ。あのころから、なんだかんだと理由をつけちゃあ近寄ってきましたね。病気のこともあったのかもしれない。「師匠はどうして僕とカラオケに行ってくれないんですか」とか「師匠と一緒の高座に上がりたい」とかね。

亡くなる一週間ぐらい前からは、毎日、私のマネージャーに電話してきて、自分の弟子のろべえ（今の小八）を「ろべえのこと、よろしく」って必ず言うんです。

亡くなったあと、ろべえはどうしたらいいかわかんなかったんでしょう。で「お前は、ウチに来るしかねえだろう」って言った。「ありがとうございます」って言って、今は私の弟子です。

いろんなことがあります。ばかばかしいと思うことも、いいなと思うこともある。でも、気がつくと、そこに弟子はいるんです。弟子のことは心配です。弟子にとっても師匠のことは気がかりでしょう。私は自分の弟子に対しては、甘くはしません。しないっていうか、そうじゃないと気持ちよくないですから。それが私のやり方だし、師匠の小さんから受け継いできた心だと思うんですね。

おわりに

おしまいに、忘れられない映画のことをお話ししましょうか。『バベットの晩餐会』(ガブリエル・アクセル監督)。作り方、アプローチの仕方からしていいですねえ。なんてったって、バベットがかっこいい。あれだけの女優さん、ステファーヌ・オードランだから、いくつもほかの作品に出てるんだろうけど、それを知らないからバベット、イコールあの人っていう感じがして、ますます存在感が出てきます。去年(二〇一八年)三月に亡くなったときは、悲しみに暮れました。

十九世紀の革命の時代、パリの有名なレストランの料理長だったバベットは家族を失い、北欧の小さな村に亡命し、家政婦として働いています。ある日、宝くじで当たったお金を全部使って、村の人たちにご馳走をする。その宴が終わって、バベットが台所で一息ついていると、主人の姉妹が話しかけます。「私たちのためにお金を全部使っちゃったの」「はい」「貧乏になっちゃったじゃない」って言うと、「芸術家に貧乏はいませんわ」ってバベットはこたえます。

私にとって、こんな力強い言葉がありますか? まさしく私が噺家になった理由じゃないですか。

噺家になったときに、どうやって食っていこうとか、そんなことは考えなかった。死んでもいいと思って、なったわけですから。

この場合の芸術家とは、ほんとうに芸に惚れ込んで、芸のために自分を捨ててでも、寄り添っていく覚悟ができる人を言ってるわけでしょう？　バベットにとって料理は芸術だったんですね。

私が東京にいるとき、毎日のように通っている喫茶店のママが私のバベットです。オートバイで北海道まで一緒に行った、この店の親父がコーヒー好きなんですが、はじめ私はコーヒーが大きらいでした。どこがいいんだろうって思ってたんですけど、毎日行って飲んでるうちに豆を一緒に選ぶようになって、ともに歩んできました。十年ほど前からは、つくづく舌を巻くようになりました。「なんとかよくならなきゃ」と、いつも感じてるっていうんじゃ、私の競争相手みたいですねえ。「どうやったらよくなるだろう」「いいってどういうことだろう」と、考えながら歩いている人がそばにいると、感心したいし、負けたら悔しいし、うまくいったときには手を握りたい。

私は職人が好きなんですね。職人は自分がどうすればいいか、どうしたらいいかをちゃんと頭に持ってるでしょう？　抽象的、一般的じゃなくて、具体的、自分にとって、というところがある。こうやっておけば世の中は通用するとかみんなが感心するとか、そんなことじゃなくて、自分はどうしたいか。そこなんだね。

この本のはじまりは、朝日新聞の「語る　人生の贈りもの」という連載でした（二〇一七年十月三十日〜十一月十七日、全十四回）。それをもとにさらにお話しをして、ふくらませて一冊の本にしようということになりました。

そしたら、次から次へ昔のいろんな資料が引っ張り出されてきて、私も、自分の頭の中からもうなくなったと思っていた記憶が出てきたり、「恩人」といえる人に四十年ぶりにお会いすることになったり、というインタビューが二年ほど続きました。

それらをまとめて出来上がったのが、この本です。朝日新聞文化くらし報道部の石田祐樹さん、しつこく、よく聞いてくれました。ありがとう。東京やなぎ句会の本に続いて、お世話になった岩波書店編集部の中嶋裕子さん、今回もありがとう。

そして、本を読んでくだすったあなた、ほんとうにありがとうございます。

二〇一九年十二月十七日

柳家小三治

十代目柳家小三治

1939年12月17日東京・新宿生まれ．噺家．

59年五代目柳家小さんに入門，前座名・小たけ．63年二ツ目昇進，さん治と改名．69年真打昇進，十代目柳家小三治を襲名．出囃子「二上りかっこ」．

76年『小言念仏』で放送演芸大賞，81年芸術選奨新人賞，2004年芸術選奨文部科学大臣賞を受賞．05年紫綬褒章，14年旭日小綬章を受章．14年重要無形文化財保持者（人間国宝）認定．15年毎日芸術賞を受賞．落語協会会長を経て，落語協会顧問．

著書に『ま・く・ら』『もひとつ ま・く・ら』『バ・イ・ク』（以上，講談社文庫），『落語家論』（新しい芸能研究室，後にちくま文庫），『柳家小三治の落語(1)〜(9)』（小学館文庫）など．


どこからお話ししましょうか 柳家小三治自伝

2019年12月17日 第1刷発行
2021年11月15日 第5刷発行

著 者 柳家小三治《やなぎやこさんじ》

発行者 坂本政謙

発行所 株式会社 岩波書店
〒101-8002 東京都千代田区一ツ橋2-5-5
電話案内 03-5210-4000
https://www.iwanami.co.jp/

印刷・法令印刷 カバー・半七印刷 製本・松岳社

ISBN 978-4-00-061379-8 Printed in Japan